Ruhrgebietsküche

Spezialitäten aus dem Revier

Bildnachweis

Fotolia.com: S. 4/5 (© Thomas Jablonski), 7 (© odluap), 8/9 (© Klaus Rose), 15 (© Jule_Berlin), 29 (© m-produktfotos.de), 30 (© Stefan Körber), 33 (© photocrew), 45 (© Lsantilli), 46 (© picxhunter), 48 (© Blacky), 75 (© photocrew), 76 (© Rainer Schmittchen), 79 (© ExQuisine), 91 (© stockcreations), 93 (© Printemps), 108 (© Igor Normann), 109 (© sylvibechle), 110 (© Martina Berg), 113 (© Carola Schubbel), 125 (© montebelli), 137 (© eyewave), 138 (© bilderfabrik), 161 (© Lichtrevier®), 165 (© travelpeter), 190/191 (© Markus Gössing)
Rezeptfotos: TLC Fotostudio

Texte S. 6–14, 28–32, 44–49, 74–79, 108–113, 136–140, 160–164: Sabine Durdel-Hoffmann
Gestaltung und Illustrationen: Igor Divis

Inhalt

Wat is' dat lecker im Pott!

Ruhrgebiet, Kohlenpott, Revier – wie immer der Raum zwischen Ruhr, Emscher und Lippe auch bezeichnet wird, von keiner anderen deutschen Region gibt es so viele klischeehafte Vorstellungen: Schwarz wie Kohle, „pottschwatt", sei alles, die Luft überall kaum zu atmen und die Menschen alle „Malocher". Dabei gab und gibt es im einmal bedeutendsten montanindustriellen Ballungsraum Europas bis heute auch sanft geschwungene grüne Hügel, Äcker, Seen und Wälder sowie einen Menschenschlag mit einem ausgesprochenen Sinn für ein genussreiches Leben.

Das Ruhrgebiet besteht im Kern aus einem Gebiet mit der Ruhr im Süden, der Lippe im Norden, Hamm im Osten und dem Raum um Kamp-Lintfort auf der linken Rheinseite. Es liegt am Rand der Niederrheinischen Tiefebene zwischen Westfälischer Bucht und Bergischem Land. Der bevölkerungsreichste Teil Nordrhein-Westfalens umfasst die Regierungsbezirke Arnsberg, Münster und Düsseldorf mit den Kreisen Ennepe-Ruhr, Recklinghausen, Unna, Wesel und den Südteil des Kreises Kleve sowie kreisfreie Städte wie Bochum, Bottrop, Dortmund, Duisburg, Essen, Gelsenkirchen, Hagen, Hamm, Herne, Mülheim an der Ruhr oder Oberhausen. Das Ruhrgebiet vereint so unterschiedliche Landstriche wie zum Beispiel das Rheinland und Westfalen; ein alter Grenzstein steht an der Landstraße von Essen nach Bochum.

Zollverein

Bis heute gehören viele ländlich geprägte Regionen zum Ruhrgebiet. Vermeintlich ineinanderfließende Städte sind nicht nur an den äußeren Rändern des Reviers bei Haltern und auf der Haard, im ländlich-idyllischen Umland von Hamm oder im waldreichen Sprockhövel von Grün umgeben und durchzogen, auch in den Ruhrgebietsstädten selbst liegen Waldgebiete und Agrarflächen. Ein typisches Fotomotiv im Revier ist der pflügende Bauer vor industrieller Kulisse oder Kühe vor Schloten und Fördertürmen. Fruchtbares Land wie die Hellwegbörden, das Münsterland oder das niederrheinische Tiefland waren von jeher Kornkammern und lieferten nicht nur Holz und Wasser für Bergbau und Metallproduktion, sondern auch Grundnahrungsmittel für das stählerne Herz Deutschlands.

Historisch wurde der Ruhrbergbau zunächst nur als Nebenerwerb und saisonal betrieben. Ein Bergmann war „Kötter", Kleinbauer, er lebte in seinem kleinen Fachwerkkotten mit Küche, Kammern und Stall und kümmerte sich in den Sommermonaten mit Hilfe von Frau und Kindern um die Landwirtschaft. In den Stallräumen war Platz für eine Kuh, eine Ziege, Hühner oder Gänse – die Selbstversorgung konnte weitestgehend sichergestellt werden. Während der Wintermonate wurde im Tagebau im Einmannbetrieb Kohle gefördert, erst viel später förderten Zechen in Tiefbau und großem Stil. Die Arbeitsteilung des Bergmanns änderte sich damit zwar, aber ein kleiner Garten hinterm Haus, Grabeland oder zumindest eine Parzelle Land gehörten immer zum Haushalt.

Durch den Aufbruch in eine industrielle, von Steinkohle, Stahl und Eisen bestimmte Zukunft veränderte sich die Landschaft. Seit etwa Mitte des 19. Jahrhunderts verdrängten innerhalb kürzester Zeit Zechen, Hüttenwerke, Kokereien, Stahlwerke und Fabriken und damit einförmige Arbeitersiedlungen vielerorts dörfliche Ansiedlungen und ließen tatsächlich an Produktionsschwerpunkten das Klischeebild des rußgeschwärzten Kohlenpotts mit seinen Abraumhalden und trister Wohnbebauung entstehen. Damit änderte sich auch die Lebenssituation der Menschen schlagartig. Allein der Bergbau nahm ungeheuerliche Ausmaße an, immer mehr Arbeitskräfte wurden dafür und auch für die Stahlproduktion benötigt. Ein Heer von Zuwanderern aus dem Umland, aus Hessen, Westfalen und dem Rheinland, später auch von weiter her aus den landwirtschaftlich geprägten östlichen Provinzen Ost- und Westpreußen, Schlesien und Posen kamen und holten ihre Frauen und Familien nach. Noch später sollten Italiener, Türken und andere folgen. Aus einem eher dünn besiedelten Raum wurde ein Moloch. Zechenbetreiber und Industrielle lockten Arbeitskräfte in die boomenden Städte und versprachen ein Leben in einer Kolonie, umgeben von Wiesen und Feldern ganz wie etwa in der masurischen Heimat: In einem Haus mit vier Wohnungen und trockenem Keller zur Einlagerung von Kartoffeln gehöre ein Stall für Hühner oder ein Schwein dazu, sodass sich „der Arbeiter nicht das Pfund Fleisch oder den Liter Milch zu kaufen braucht". – Selbstverständlich gab es genauso die Villen der Direktoren bis hin zur imposanten repräsentativen Villa Hügel an den südlichen Hängen über der Ruhr. Arbeiterkolonien und -siedlungen trugen so beredte Namen wie Eisenheim, Flöz Dickebank, Rheinpreußen, Mausegatt oder Halbmond. Zunächst lebten junge Bergleute oder Arbeiter aber als Kostgänger bei einheimischen Familien und trugen so manche Gewohnheit in die hiesigen Gebräuche ein: Polnische Sprachbrocken wurden Teil der Umgangssprache, vor allem aber brachten die Zuwanderer ihre Essgewohnheiten und Familienrezepte mit.

Viele Impulse verdankt die Ruhrgebietsküche all ihren Zuwanderern. Verdient überhaupt eine Region die Bezeichnung „Schmelztiegel", ist es das Ruhrgebiet: Die gefährliche Arbeit, das Leben auf engem Raum in Zechensiedlungen, die Freizeit auf den kleinen Parzellen der Schrebergärten oder auf Sportplätzen brachten ein enges, vertrautes Miteinander mit sich, bei dem viele Traditionen und Gewohnheiten, und so auch die Küche, rasch Bestandteil des Lebens im Ruhrgebiet wurden. Dem benachbarten Rheinland sind Reibekuchen und Himmel und Erde (gesprochen: Äarde), Ostpreußen Königsberger Klopse und Grützwurst, Schlesien der Streuselkuchen oder später Italien zum Beispiel Pizza und Nudelgerichte oder der Türkei nicht nur der Döner zu verdanken.

Wo kauften die Menschen ihre Lebensmittel ein, wenn sie denn nicht im Garten wuchsen, bevor Supermärkte zu Generalversorgern wurden? Wie andernorts auch auf dem Wochenmarkt, auf dem Händler aus dem ländlichen Umland vor allem Gemüse und Obst feilboten, und im Tante-Emma-Laden um die Ecke, der von Kartoffeln über Dosenwurst bis hin zum Waschpulver alles Lebensnotwendige bereithielt, Anschreiben inklusive. War man bei Krupp angestellt, ging es in den Konsum: Aus Anlass der Hochzeit ihrer Tochter Bertha hatte Margarethe Krupp zu Beginn des 20. Jahrhunderts den Arbeitern des Krupp'schen Imperiums fürsorglich eine kleine Gartenstadt, die Margarethenhöhe in Essen, gestiftet. Der Krupppianer konnte sich mit seinem kleinen Garten selbst versorgen, darüber hinaus fand mittwochs und samstags

Markt statt. Und es gab die Konsum-Anstalt, in der Angestellte ihre Lebensmittel in einem eigenen Kaufhaus mit Rabatt kaufen konnten. Eine Besonderheit des Reviers sei hier schon am Rande erwähnt: Auch an der Selterbude gab es Brot, Eier und Bier. Diese Buden, andernorts auch Büdchen oder Kiosk genannt, haben im Ruhrgebiet eine ganz besondere Bedeutung.

Die Kost des Ruhrgebiets ist traditionell einfach, aber gekonnt zubereitet unglaublich schmackhaft. Deftige Eintöpfe wie Erbsensuppe, Möhren durcheinander oder Linseneintopf,

klassische Samstagsgerichte, gehören dazu, oder aber Panhas. Sonn- und feiertags oder zu hohen Festen kamen Schweinebraten oder Rinderroulade auf den Tisch. In früheren Zeiten konnte „Bergmannskost" dank Speck und Bauchfleisch fetthaltig und sättigend sein, denn die schwere Arbeit im Flöz, im Kesselhaus oder am Stahlabstich forderte ihren Tribut.

Nie hat das Ruhrgebiet für die Menschen seine Anziehungskraft verloren. Sie leben gern in dieser Region, Traditionen werden gepflegt und Neues mit freundlicher Offenheit aufgenommen. Die Arbeitswelt hat sich geändert – wo sich früher Bergleute in der Kaue ihrer Kleidung entledigten, wird heute wie etwa im Casino der ehemaligen Zeche Zollverein Spitzengastronomie betrieben. Eine gute Mahlzeit aber wusste und weiß man im Ruhrgebiet immer sehr zu schätzen. Die allgemeine Rückbesinnung auf erprobte Traditionsrezepte mit besten Zutaten, einfach lecker zubereitet, lässt gerade die Ruhrgebietsküche wieder zu verdienten Ehren kommen: Lassen Sie sich mit unseren zeitgemäßen Varianten regionaler Klassiker zum (Wieder-) Entdecken verführen.

Glückauf und guten Appetit!

PROSPER II

Suppen und Eintöpfe

Erbsensuppe mit Speck

1 Die Erbsen in einen Topf geben und mit 1 Liter Wasser bedeckt über Nacht einweichen.

2 Am nächsten Tag die Erbsen in dem Einweichwasser zum Kochen bringen. Nach 30 Minuten den Bauchspeck im Stück dazugeben und die Erbsensuppe auf mittlerer Temperatur weitere 30 Minuten köcheln lassen.

3 Den Porree putzen und in dünne Ringe schneiden. Möhren und Kartoffeln schälen und in kleine Würfel schneiden. Das Gemüse in die Erbsensuppe geben und die Lorbeerblätter hinzufügen. Die Zwiebeln schälen, fein würfeln, im heißen Öl glasig dünsten und ebenfalls in die Suppe geben. Den Sellerie schälen und im Stück in die Suppe geben. Die Fleischbrühe hinzufügen und alles ca. 30 Minuten weiterkochen.

4 Selleriestück, Lorbeerblätter und Speck entfernen und die Suppe mit einem Kartoffelstampfer etwas zerdrücken. Den Speck würfeln und mit den Mettenden in die Suppe geben. Mit frisch gemahlenem Pfeffer würzen. Die Suppe nochmals ca. 30 Minuten auf kleiner Flamme unter gelegentlichem Rühren ziehen lassen.

ZUTATEN

Für 4–6 Portionen

300 g getrocknete Erbsen
300 g Bauchspeck
200 g Porree
100 g Möhren
300 g Kartoffeln
2 Lorbeerblätter
2 Zwiebeln
2 El Öl
100 g Knollensellerie
500 ml Fleischbrühe
500 g Mettenden
Pfeffer

Zubereitungszeit
ca. 30 Minuten (plus Einweich- und Garzeit)
Pro Portion
ca. 940 kcal/3870 kJ
32 g E · 77 g F · 33 g KH

Hühnersuppe

1 Das Huhn waschen und in einen großen Topf geben. Mit Wasser bedecken, salzen. Aufkochen lassen, den Schaum abschöpfen.

2 Das Suppengrün putzen, waschen, nach Bedarf schälen und würfeln. Das Gemüse mit Lorbeerblättern und Pfefferkörnern zum Huhn geben und alles etwa 1 Stunde 30 Minuten kochen.

3 Das Huhn aus der Suppe nehmen, abkühlen lassen, das Fleisch von Haut und Knochen lösen und in Würfel schneiden. Die Brühe durch ein Sieb gießen.

4 Die Möhren schälen und in dünne Stifte schneiden. Die Erbsen abtropfen lassen. Die Möhren in der Suppe etwa 5 Minuten köcheln, dann Erbsen und Nudeln zugeben und weitere 5 Minuten garen. Das Hühnerfleisch in die Suppe geben und mit Salz und Pfeffer abschmecken. Die Petersilie waschen, trocken schütteln und hacken. Die Suppe damit garnieren und servieren.

ZUTATEN

Für 4 Portionen

1 kleines küchenfertiges Suppenhuhn (ca. 1,5 kg)
Salz
1 Bund Suppengrün
2 Lorbeerblätter
5 Pfefferkörner
3 Möhren
250 g Erbsen (aus der Dose)
200 g Suppennudeln
Pfeffer
1/2 Bund glatte Petersilie

Zubereitungszeit
ca. 30 Minuten (plus Garzeit)
Pro Portion
ca. 882 kcal/3704 kJ
58 g E · 52 g F · 43 g KH

Graupensuppe

1 Die Graupen waschen und abtropfen lassen. Die Brühe erhitzen. Die Zwiebel schälen und mit Lorbeerblatt und Nelke spicken. Graupen und Zwiebel in die Brühe geben und bei geringer Temperatur etwa 45 Minuten garen.

2 Den Speck in kleine Würfel schneiden. Das Öl in einer Pfanne erhitzen und den Speck darin knusprig braten. Die Petersilie waschen und trocken tupfen. Bis auf 2 Stängel die Blättchen abzupfen und fein hacken. Petersilienstängel in die Suppe geben und 10 Minuten mitköcheln.

3 Suppe mit Salz, Pfeffer, Cayennepfeffer und Muskatnuss abschmecken. Zwiebel und Petersilie herausnehmen. Den Speck in die Suppe geben und mit gehackter Petersilie bestreut servieren.

ZUTATEN

Für 4 Portionen

100 g Perlgraupen
1,25 l Geflügelbrühe
1 Zwiebel
1 Lorbeerblatt
1 Gewürznelke
100 g durchwachsener Speck
1 El Öl
1/2 Bund Petersilie
Salz
Pfeffer
Cayennepfeffer
frisch geriebene Muskatnuss

Zubereitungszeit
ca. 15 Minuten (plus Garzeit)
Pro Portion
ca. 538 kcal/2251 kJ
25 g E · 40 g F · 20 g KH

Schnibbelbohnen

mit Mettwürsten

1 Die Bohnen in ein Sieb gießen und mit kaltem Wasser abbrausen. Abtropfen lassen. Die Kartoffeln waschen, schälen, vierteln und mit wenig Salz in etwa 20 bis 25 Minuten weich kochen.

2 In der Zwischenzeit den fetten Speck würfeln. Zwiebel schälen und fein hacken. Durchwachsenen Speck in Scheiben schneiden.

3 Fetten Speck in einem großen Topf bei niedriger Hitze auslassen. Die ausgelassenen Fettwürfel herausnehmen und beiseitestellen. Butter zu dem Speckfett in den Topf geben und die Zwiebel und den durchwachsenen Speck darin anbraten. Die Bohnen dazugeben und so viel heißes Wasser angießen, dass die Bohnen bedeckt sind. Bohnenkraut und 1 Prise Zucker zufügen. Die Bohnen zugedeckt bei niedriger Hitze etwa 25 Minuten köcheln lassen. Etwa 10–15 Minuten vor Ende der Garzeit die Mettwürste auf die Bohnen legen und gar ziehen lassen.

4 Kartoffeln mit dem Kartoffelstampfer grob zerstampfen. Mettwürste aus dem Topf nehmen und die zerstampften Kartoffeln unter die Bohnen rühren. Mit Salz und Pfeffer abschmecken und mit den Mettwürsten servieren.

ZUTATEN

Für 4 Portionen

500 g milchsaure Schneidebohnen
600 g mehlig kochende Kartoffeln
Salz, 200 g fetter Speck
1 Zwiebel
200 g durchwachsener Speck
1 El Butter
1/2 Tl Bohnenkraut
Zucker
4 Mettwürste
Pfeffer

Zubereitungszeit
ca. 30 Minuten (plus Kochzeit)
Pro Portion
ca. 1090 kcal/4490 kJ
17 g E · 104 g F · 25 g KH

Dicke Bohnen mit Speck

1 Bohnen aushülsen, putzen, waschen und in einem Sieb abtropfen lassen. Das Bohnenkraut waschen und trocken schütteln. Dicke Bohnen mit dem Bohnenkraut in Salzwasser in einem Topf aufkochen und 10–20 Minuten garen.

2 Die Kartoffeln schälen, waschen, klein würfeln und getrennt in Salzwasser garen. Die Zwiebeln schälen und klein würfeln. Den Speck würfeln und in einer Pfanne ohne Fett unter Rühren goldbraun und kross ausbraten.

3 Die Zwiebeln hinzufügen und in dem Bratfett glasig dünsten. Alles mit dem Mehl bestäuben, 2 Minuten anschwitzen und nach und nach mit dem Gemüsewasser glatt zu einer Sauce verrühren. Bohnen und Kartoffeln abgießen, das Bohnenkraut entfernen.

4 Bohnen und Kartoffelwürfel anschließend zur Sauce geben und alles vermischen. Etwa 1 Minute durchkochen und mit Salz, Pfeffer, etwas Zucker und Essig pikant abschmecken.

ZUTATEN

Für 4 Portionen

1,2 kg große Bohnen (Dicke Bohnen, Pferde- oder Saubohnen)
2–3 Stiele frisches Bohnenkraut
Salz
1 kg Kartoffeln
3 Zwiebeln
80 g geräucherter durchwachsener Speck
2 El Mehl
Pfeffer
1 Prise Zucker
1–2 El Essig

Zubereitungszeit
ca. 25 Minuten (plus Garzeit)
Pro Portion
ca. 453 kcal/1900 kJ
61 g E · 18 g F · 10 g KH

Dicke Bohnen und Schlabberkappes

Die Menschen aus dem Kohlenpott und ihre Gärten – es mag wunderlich klingen, hat der Revierfremde doch immer eine reine Industrielandschaft vor Augen, aber beide sind untrennbar miteinander verbunden. Die Neigung zu graben, zu pflanzen und zu ernten ist sicher der Herkunft vieler Ruhrgebietsfamilien aus ländlichen Regionen geschuldet, aber auch dem Umstand, dass Gemüse und Obst aus dem eigenen Garten wichtiger Bestandteil des Speiseplans war und dabei den Geldbeutel schonte. Man war weitestgehend Selbstversorger, und außerdem hieß es, auf Zeiten der Not zum Beispiel durch Arbeitslosigkeit vorbereitet zu sein. Der Garten (gesprochen: „Gaaten") oder die Parzelle hinterm Haus war Standard, Nachbarn versorgten sich untereinander: Bohnen gegen Erdbeeren. Und nirgendwo sonst in Deutschland wird die Schrebergartenkultur so gepflegt wie im Ruhrgebiet. Schon 1814 wurden die ersten Kleingartenanlagen in Deutschland gegründet, um die Sehnsucht nach einem Refugium im Grünen nach schwerer Arbeit zu befriedigen, vor allem aber, um die Versorgung auch in Hunger- und Kriegszeiten sicherzustellen und die Speisekarte zu bereichern. Für manch einen sind sie bis heute zudem Ersatz für Urlaube in der Ferne. Allein in Nordrhein-Westfalen gibt es heute 120.000 Kleingärten, die Gestaltungsorgien sind dabei ein eigenes Thema. Im Ruhrgebiet tragen sie besonders klangvolle Namen, die wie Verheißungen von glücklichen, friedlichen, sonnigen Stunden klingen, aber manchmal ganz einfach die Nähe zum Arbeitsplatz, der Zeche, verraten: Flora, Glückauf, Abendrot, Am Frohen Blick, Familienwohl, Fröhliche Morgensonne, Friedlicher Nachbar, Sonnenschein oder Vogelsang.

Der „Oppa" oder der „Vatta" fuhr mit Harke, Schüppe und, ja, ein oder zwei Püllekes Bier mögen auch dabei gewesen sein, im Blaumann mit dem Fahrrad zum Garten, die Familie rückte nach. Im Garten herrschte eine klare Linienführung: Zwei große Pflanzflächen wurden durch einen plattierten Weg voneinander getrennt, am Ende stand ein „Gaatenhäusken". In akuraten Beeten wuchsen in akuraten Reihen Kartoffeln („Ärpel"), Bohnen, Zwiebeln, Porree, Steckrüben, Möhren, Stielmus („Knisterfinken"), Steckrüben, Schwarzwurzeln („Bergmannsspargel") und Kohlsorten („Kappes") wie Weiß- und Grünkohl, im Sommer auch Erdbeeren, Stachelbeeren oder Johannisbeeren, manchmal gab es Äpfel oder Kirschen vom eigenen Baum. So süß schmeckten den Kindern die Beeren direkt von der Pflanze oder vom Strauch, und auch die jungen Erbsen, heimlich aus der Schote gepuhlt, waren nicht zu verachten – nur nicht erwischen lassen! Und die Bohnenstangen standen wie eine Eins.

Lediglich was nicht im Garten wuchs, wurde auf dem Markt oder im Tante-Emma-Laden zugekauft. Kartoffeln brachte lange Zeit der Kartoffelhändler mit dem Pferdewagen oder später der motorisierte „rollende Bauernmarkt". Im Spätsommer nahte die Stunde der Frauen, dann ging es ans Ernten und Einmachen. Schließlich konnte die große Ernte nicht sofort verzehrt werden, und im Winter war vielleicht „Not am Mann". Sauerkraut wurde eingelegt, gestampft und in großen grauen Steinguttöpfen eingemacht. Ganze Regimenter von Einmachgläsern voller Birnen, Pflaumen oder Stachelbeeren füllten am Ende die Kellerregale.

Die „Allzweckwaffe" Kartoffel war Standardbeilage und gehörte sowieso in jedes Gericht – ein Mittagessen ohne Kartoffel, undenkbar! Ob Eintöpfe, Bratkartoffeln, Hausmacher-Kartoffelsalat, Leineweber (Kartoffelpfannekuchen), Potthucke oder Himmel und Erde: Kartoffeln machten satt und waren allein darum ein Muss. Gemüse wurde oft sämig-saucig, auch mit Fett, geschmort und büßte seine knackige ursprüngliche Farbe dabei ein oder wurde mit ordentlich Schweinebauch „durcheinander" gekocht wie zum Beispiel Schlabberkappes.

Dicke Bohnen mit Speck richtig angemacht – ein Genuss! Manches Brauhaus hat das Gericht heute wieder auf der Karte. Im Winter gab es nahrhafte, vitaminreiche Kohl- und Rübengerichte wie Stielmus, Grünkohl mit Mettenden oder Wuortelpot mit Möhren, Kartoffeln und Suppenfleisch. Die Ernte der Saison – wie Grünkohl, der erst nach dem ersten Frost so richtig lecker schmeckte – kam dann bisweilen zwar in unterschiedlichen Varianten, aber doch über die Woche öfter auf den Tisch. Auch beim Gemüse bereicherten die Zuwanderer mit Genüssen aus der alten Heimat wie etwa den eingelegten schlesischen Gurken die Speisekarte. Obst wurde zu feinem Kompott oder kam auf den Kuchen. Jede Hausfrau hatte ihre ganz speziellen Würz- und Zubereitungsgeheimnisse, die all diese Gerichte in der Erinnerung an die Kindheit unvergleichlich machen.

Kartoffelsuppe

von's Ömaken

1 Die Zwiebel schälen und hacken. Das Suppengemüse putzen, waschen. Nach Bedarf schälen und würfeln. Die Kartoffeln schälen und in kleine Würfel schneiden. Das Öl in einem Topf erhitzen und die Zwiebel sowie das Suppengemüse darin unter Rühren andünsten. Die Kartoffeln zugeben und mitschmoren. Die Brühe angießen, Lorbeerblatt, Salz und Pfeffer hinzufügen und alles bei geringer Temperatur etwa 25 Minuten garen.

2 Die Kartoffeln zerstampfen. Petersilie waschen, trocken schütteln und hacken. Die Würstchen in Scheiben schneiden. In die Suppe geben und erhitzen. Mit Petersilie bestreuen.

3 Für die Roggenbrötchen aus der Hefe, 30 ml lauwarmem Wasser, Salz und 175 g Mehl einen Vorteig bereiten und abgedeckt über Nacht gehen lassen. Restliches Mehl mit etwa 150 ml lauwarmem Wasser und dem Vorteig gut verkneten. Den Teig etwa 40 Minuten gehen lassen. Nochmals durchkneten und bei Bedarf noch Mehl zugeben. 6–8 Brötchen formen und auf ein mit Öl gefettetes Backblech legen. Erneut 20 Minuten gehen lassen. Dann im Backofen bei 190 °C (Umluft 170 °C) etwa 30 Minuten backen. Die Brötchen zu der Suppe servieren.

ZUTATEN

Für 4 Portionen

Für die Kartoffelsuppe
1 Zwiebel
1 Bund Suppengemüse
1 kg Kartoffeln
2 El Öl
1,5 l Gemüsebrühe
1 Lorbeerblatt
Salz
Pfeffer
Bund glatte Petersilie
4 Paar Frankfurter Würstchen

Für die Roggenbrötchen
15 g Hefe, 1 Prise Salz
375 g Roggenmehl
Öl für das Blech

Zubereitungszeit
ca. 25 Minuten
(plus Ruhe-, Back- und Garzeit)
Pro Portion
ca. 495 kcal/2079 kJ
20 g E · 27 g F · 40 g KH

Möhrensuppe
mit Mettwürstchen

1 Die Möhren putzen, waschen und würfeln. Etwa ein Viertel davon beiseitestellen. Die Kartoffeln schälen, waschen und ebenfalls würfeln. Butterschmalz erhitzen und Möhren- und Kartoffelwürfel darin etwa 4 Minuten andünsten, mit Salz und Pfeffer würzen.

2 2 Liter Wasser hinzugießen und 15 bis 20 Minuten garen lassen, Suppe fein pürieren. Die Zwiebel schälen und fein würfeln. Die Mettwürstchen waschen und in etwa 2 cm dicke Scheiben schneiden.

3 Den Speck klein würfeln und in einer Pfanne auslassen. Zwiebeln darin glasig dünsten. Restliche Möhren etwa 3 Minuten mitschmoren. Mettwurstscheiben hinzufügen, alles zur Suppe geben und etwa 5 Minuten darin ziehen lassen.

ZUTATEN

Für 4 Portionen

1 kg Möhren
500 g Kartoffeln
2 El Butterschmalz
Salz
Pfeffer
1 Zwiebel
4 Räuchermettwürstchen
50 g Speck

Zubereitungszeit
ca. 60 Minuten
Pro Portion
ca. 298 kcal/1250 kJ
13 g E · 15 g F · 27 g KH

Gulaschsuppe Gelsenkirchen

1 Die Zwiebeln und die Knoblauchzehe schälen und würfeln. Das Rindfleisch waschen, trocken tupfen und in mundgerechte Würfel schneiden. Die Paprikaschote putzen, waschen, entkernen und in kleine Würfel schneiden.

2 Das Öl in einem Schmortopf erhitzen und die Zwiebel mit dem Knoblauch darin glasig schwitzen. Die Fleischwürfel hinzufügen und von allen Seiten scharf anbraten. Das Tomatenmark zugeben und kurz mitschwitzen.

3 Das Fleisch würzen, Paprikawürfel, Apfelessig und die Gewürze unterrühren und die Brühe angießen. Gut durchrühren und die Suppe etwa 1 Stunde 30 Minuten köcheln, bis das Fleisch schön weich ist.

4 Inzwischen die Kartoffeln schälen, würfeln und in Salzwasser gar kochen. Die Suppe mit dem Mehl bestäuben und aufkochen. Erneut abschmecken, dann die Kartoffeln unterheben und die Suppe servieren.

ZUTATEN

Für 4 Portionen

200 g Zwiebeln, 1 Knoblauchzehe
500 g Rindfleisch
1 rote Paprikaschote
4 El Öl, 50 g Tomatenmark
Salz, Pfeffer, 2 El Apfelessig
1 El edelsüßes Paprikapulver
1 Tl gemahlener Kümmel
1 Tl getrockneter Thymian
1/2 Tl getrockneter Majoran
1,5 l Fleischbrühe
200 g Kartoffeln, 3 El Mehl

Zubereitungszeit
ca. 30 Minuten (plus Garzeit)
Pro Portion
ca. 325 kcal/1365 kJ
27 g E · 16 g F · 16 g KH

Kohlsuppe mit Fleisch

1 Das Fleisch in einen Topf geben. Die Zwiebel schälen, in Ringe schneiden und dazugeben. Gewürzkörner und Brühe hinzufügen und leicht salzen. Das Fleisch etwa 1 Stunde garen.

2 Den Wirsing putzen, waschen, harten Strunk entfernen, den Kohl fein hobeln. Möhren putzen, schälen und klein schneiden. Die Kartoffeln schälen und würfeln.

3 Das Fleisch aus der Brühe nehmen und diese durchsieben. Fleisch warm stellen. Kohl, Möhren und Kartoffeln mit Kümmel, Salz und Pfeffer in die Brühe geben und in etwa 25 Minuten garen. In den letzten 10 Minuten das in Würfel geschnittene Fleisch wieder dazugeben. Die Suppe mit Zucker abschmecken und servieren.

ZUTATEN

Für 4 Portionen

500 g Rindfleisch
1 Zwiebel
4 Gewürzkörner
1,5 l Fleischbrühe
Salz
750 g Wirsing
4 Möhren
500 g Kartoffeln
1 Tl gemahlener Kümmel
Pfeffer
Zucker

Zubereitungszeit
ca. 30 Minuten (plus Garzeit)
Pro Portion
ca. 355 kcal/1491 kJ
33 g E · 11 g F · 26 g KH

Ochsenschwanzsuppe

1 Das Fleisch waschen und trocken tupfen. Die Zwiebel schälen und hacken. Das Suppengemüse putzen, waschen, nach Bedarf schälen und würfeln.

2 Das Butterschmalz in einem Topf erhitzen und den Ochsenschwanz darin von allen Seiten gut anbraten. Die Zwiebel und das Suppengemüse zugeben und 3 Minuten mitschmoren. Das Mehl darüberstäuben und anschwitzen. Die Fleischbrühe angießen, aufkochen. Tomatenmark einrühren, mit Salz und Pfeffer würzen. Das Fleisch bei mittlerer Temperatur etwa 1 Stunde 30 Minuten köcheln.

3 Dann den Ochsenschwanz aus der Brühe nehmen und das Fleisch vom Knochen lösen. Fein würfeln. Die Suppe durchsieben und das Fleisch wieder hineingeben. Portwein hinzufügen und erwärmen. Die Suppe mit Brot servieren.

ZUTATEN

Für 4 Portionen

500 g Ochsenschwanz
1 Zwiebel
1 Bund Suppengrün
2 El Butterschmalz
50 g Mehl
750 ml Fleischbrühe
3 El Tomatenmark
Salz
Pfeffer
125 ml Portwein

Zubereitungszeit
ca. 25 Minuten (plus Schmor- und Garzeit)
Pro Portion
ca. 473 kcal/1985 kJ, 15 g E · 31 g F · 15 g KH

Pilsken und Kurze

Das Traditionsgetränk des Ruhrgebiets ist Bier, „dat Pilsken", und es gibt traditionelle Anlässe, zu denen Bier getrunken wurde und wird. So in jeder Verbindung mit Fußball, der den Menschen seit jeher Ablenkung von der harten Arbeit bot, die Heimat oder gar die Familie ersetzte und fast zur Religion werden konnte, gleichgültig, ob man Fan von Schalke 04, Borussia Dortmund, Rot-Weiss Essen oder Westfalia Herne war, ob man ins Georg-Melches-Stadion in Essen oder ins Thyssen-Stadion in Duisburg ging. Mit den frühen Idolen wie Ernst Kuzorra, Fritz Szepan oder Helmut Rahn hatten Väter und Großväter Tür an Tür gewohnt oder waren gar Kollegen „auf Zeche" gewesen, bevor sie Fußballstars wurden. Keine Situation, in der Fußball nicht zum Thema werden konnte – auf dem Platz, im Stadion sowieso, aber auch auf dem Heimweg von der Arbeit, bei der Gartenpflege oder beim Autowaschen. Und immer passte ein Bier dazu. Bier galt unter Männern als Alltagsgetränk und war allgegenwärtig, sogar eine Biersuppe wurde gekocht. Das erfrischende Nass wurde lange Zeit nicht wie heute im Kasten gekauft, sondern an der Bude oder „lose" in der großen Kanne in der Kneipe an der Ecke. Man fand nichts dabei, zu mehreren an der Bude die kohlenstaubtrockenen Kehlen zu spülen oder an einem Sommersonntag im Unterhemd entspannt im gestreiften Campingklappstuhl im Schrebergarten den Bügelverschluss ploppen zu lassen. Auf beinahe jedem Foto

von Familienfeierlichkeiten in Gaststätten gehören vernünftig gezapfte Biere dazu – wer trank schon Wein oder Sekt? Opas Staublunge erfuhr durch die Tatsache, dass zum Bier eine nahtlose Aneinanderreihung von Glimmstängeln gehörte, allerdings auch keine Besserung ...

Jedes Kind erkannte Biermarken, Bügelverschlüsse, Flaschenformen, die Architektur des Brauhauses, Embleme oder die Werbung der Biersorten, ob es nun das große „U" aus Dortmund, die drei aufeinanderstoßenden Küferhämmer aus Bochum oder die schlanke Flasche aus Essen war; jeder Vater hatte seine Stammmarke. Die großen Brauereien in Bochum, Dortmund, Duisburg oder Essen waren in der Regel alteingesessene Familienunternehmen aus dem 19. Jahrhundert, die phasenweise reißenden Absatz verzeichneten und in alle Welt exportierten. Eine große Dortmunder Brauerei verdankt ihr Erfolgsprodukt unter anderem einem Fehlsud, der an einen Kunden ausgeliefert worden war – und überraschend auf große Gegenliebe stieß. Das Dortmunder Export war geboren. Viele dieser Traditionsunternehmen gibt es heute nicht mehr oder nur noch im Besitz internationaler Getränkekonzerne.

Großmütter oder Urgroßmütter erinnern sich in diesem Zusammenhang an ein vertrautes Bild: Frauen standen am Zechentor und holten ihre Männer ab. Nicht etwa, weil sie sich vor Sehnsucht verzehrten, sondern um am Monatsende die Lohntüten abzufangen, deren Inhalt sonst oft unverzüglich an die Tresen der Kneipen kam, die in unmittelbarer Zechen- und Werksnähe wie etwa dem Bochumer Verein oder Krupp lagen. Die Luft unter Tage war staubig, der Stahl heiß und die Kehlen trocken. Es blieb auch nicht beim Bier allein, Männer tranken ein „Gedeck" aus Bier und einem Kurzen. Auch bei den begleitenden Spirituosen blieb man heimischer Produktion gern treu: Eine Kräuterschnapsspezialität aus dem Ruhrgebiet zierte ein Schweinchen, klare Varianten kamen aus dem Westfälischen.

Den Eckkneipen des Reviers kam eine besondere Funktion zu, waren auch ihre Namen nicht sonderlich fantasievoll, sondern knüpften zum Beispiel an die Hausbiermarke, die Lage oder die Besitzerfamilie an: Union-Eck, Tor 11 oder Stammhaus Abel. Treffpunkt und Informationsbörse sowie Austragungsort großer Feiern waren sie sowieso, hier gab es auch schon früh ein Telefon für die Notfälle der ganzen Nachbarschaft. Zudem waren sie Zufluchtsort für die Männer, denn die Wohnungen waren so klein, wie die Familien groß waren. Manch einem wurde die Kneipe zur zweiten Heimat. Und alle, alle kamen, um im Halbdunkel des Hinterzimmers auf einem winzig kleinen Schwarzweißfernseher in der Ecke den Fußballweltereignissen beizuwohnen, denn einen eigenen Fernseher hatte zunächst niemand.

Grünkohl

ZUTATEN

Für 4 Portionen

1,5 kg frischer Grünkohl
Salz
250 g geräucherter Schweinebauch
2 Zwiebeln
1 kg Kartoffeln
Pfeffer
4 Grünkohlmettwürste (ca. 100g)
1 El Schmalz
Speck zum Ausbraten

Zubereitungszeit
ca. 60 Minuten
Pro Portion
ca. 583 kcal/2447 kJ
38 g E · 28 g F · 48 g KH

1 Die Blätter vom Grünkohl abstreifen, putzen und mehrfach gründlich waschen. Anschließend etwa 500 ml Wasser zum Kochen bringen. Das Wasser salzen, den Grünkohl hinzugeben und etwa 5 Minuten vorkochen, anschließend abgießen, abkühlen lassen und gut ausdrücken.

2 Den geräucherten Schweinebauch knapp mit Wasser bedeckt zum Kochen bringen. Die Zwiebeln schälen, würfeln und hinzugeben. Alles 20 Minuten kochen.

3 Inzwischen die Kartoffeln schälen, waschen und zu dem Schweinebauch geben. Den abgekühlten Grünkohl klein schneiden und ebenfalls hinzufügen.

4 Alles mit Salz und Pfeffer kräftig würzen. Die gewaschenen Grünkohlmettwürste oben auf den Grünkohl legen und zugedeckt etwa 30 Minuten köcheln. Während des Kochens die Flüssigkeit im Topf kontrollieren. Wenn das Fleisch gar ist, herausnehmen und portionieren.

5 Grünkohl kräftig durchstampfen und das Schmalz dazugeben. Den Grünkohl in einer Schüssel anrichten und warm halten. Den Speck würfeln, in einer Pfanne knusprig ausbraten und über den Grünkohl verteilen. Den Grünkohl mit dem Fleisch, eingelegten Gewürzgurken und Senf servieren.

Westfälisches Blindhuhn

1 Die weißen Bohnen waschen und über Nacht in 1,5 Liter Wasser einweichen. Am nächsten Morgen die Bohnen mit dem Einweichwasser und dem Lorbeerblatt in einem großen Topf zum Kochen bringen.

2 Nach 30 Minuten Kochzeit den Speck zu den Bohnen geben und 60 Minuten weiterkochen. Inzwischen die Stangenbohnen putzen, waschen, abfädeln und in Stücke brechen. Die Möhre putzen, schälen und in Scheiben schneiden.

3 Die Kartoffeln schälen, waschen und klein würfeln. Die Äpfel und Birnen ebenfalls schälen, vierteln und entkernen. Die Zwiebeln schälen und in Scheiben schneiden. Den Speck aus der Brühe herausnehmen, warm halten.

4 Das klein geschnittene Gemüse und das geviertelte Obst in die Brühe geben und etwa 30 Minuten weiterköcheln. Mit Salz, Pfeffer und Zucker abschmecken. Nach Belieben auch mit etwas Essig würzen.

5 Die Petersilie waschen, trocken schütteln und klein hacken. Den Speck in dünne Scheiben schneiden und wieder zum Gemüse zugeben. Das Westfälische Blindhuhn in einer Terrine anrichten und mit der Petersilie bestreut servieren.

ZUTATEN

Für 4 Portionen

200 g getrocknete weiße Bohnen
1 Lorbeerblatt
400 g geräucherter durchwachsener Speck
250 g grüne Stangenbohnen
250 g Möhren
500 g Kartoffeln
250 g Äpfel (z. B. Boskop)
200 g festkochende Birnen
2 Zwiebeln
Salz, Pfeffer
Zucker
evtl. 1 El Essig
1/2 Bund Petersilie

Zubereitungszeit
ca. 30 Minuten
(plus Einweich- und Garzeit)

Pro Portion
ca. 363 kcal/1523 kJ
26 g E · 9 g F · 43 g KH

Stielmus

ZUTATEN

Für 4 Portionen

1 kg Stielmus
750 g Kartoffeln
2 El Butterschmalz
500 ml Fleischbrühe
Salz
Pfeffer
100 ml süße Sahne

Zubereitungszeit
ca. 30 Minuten (plus Garzeit)
Pro Portion
ca. 313 kcal/1313 kJ
10 g E · 13 g F · 36 g KH

1 Das Stielmus putzen, gründlich waschen, abtropfen lassen und in feine Streifen schneiden. Die Kartoffeln schälen, waschen und klein würfeln.

2 Das Butterschmalz in einem Topf erhitzen und das Stielmus darin etwa 5 Minuten unter Rühren andünsten. Die Kartoffeln hinzufügen und unter Rühren etwa 5 Minuten mitdünsten lassen.

3 Die Fleischbrühe hinzugießen und alles bei geringer Hitze etwa 20 Minuten köcheln lassen.

4 Das Gemüse mit Salz und Pfeffer abschmecken. Die Sahne unterrühren und das Gemüse damit verfeinern.

Linseneintopf

mit Mettenden

1 Die Linsen waschen und in reichlich Wasser über Nacht einweichen. Das Einweichwasser abgießen und mit der Brühe in einen Topf geben. Die Zwiebel schälen und mit Lorbeerblatt und Nelken spicken. Zu den Linsen geben und aufkochen. Den Schaum abschöpfen. Die Linsen etwa 30 Minuten garen.

2 Das Suppengemüse putzen, waschen, nach Bedarf schälen und würfeln. Die Kartoffeln schälen und würfeln. Den Speck würfeln und in einer Pfanne ohne Fett knusprig braten. Speckwürfel aus der Pfanne nehmen, das Gemüse und die Kartoffeln im Speckfett andünsten. Speck, Gemüse und Kartoffeln zu den Linsen geben und alles weitere 30 Minuten garen. Die Zwiebel herausnehmen. Mit Salz, Pfeffer und Essig abschmecken.

3 Die Mettenden in den letzten 10 Minuten im Linseneintopf erhitzen. Mit Petersilie garniert servieren.

ZUTATEN

Für 4 Portionen

250 g getrocknete grüne Linsen
1,25 l Gemüsebrühe
1 Zwiebel, 1 Lorbeerblatt, 2 Nelken
1 Bund Suppengemüse
400 g Kartoffeln
250 g Räucherspeck
Salz, Pfeffer
Weißweinessig
4 Mettenden
2 El frisch gehackte Petersilie

Zubereitungszeit
ca. 30 Minuten
(plus Einweich-, Brat- und Garzeit)
Pro Portion
ca. 477 kcal/2003 kJ
34 g E · 15 g F · 49 g KH

Kleine Gerichte

Soleier

1 Die Eier etwa 10 Minuten hart kochen, aus dem Topf nehmen und die Eierschale rundherum anstoßen, aber das Ei nicht pellen.

2 In einem Topf etwa 1 Liter Wasser mit viel Salz zum Kochen bringen und vom Herd nehmen.

3 Die Eier 24–36 Stunden in das gekochte Wasser legen, sodass sie schwimmen. Mit Senf und frischem Brot servieren. Die Soleier sind bis zu 8 Tage haltbar.

ZUTATEN

Für 4 Portionen

8 frische Eier, Salz

Zubereitungszeit
ca. 10 Minuten (plus Kochzeit)
Pro Portion
ca. 185 kcal/777 kJ, 15 g E · 13 g F · 0 g KH

Eier in Senfsauce

1 Die Eier hart kochen und abschrecken. Die Zwiebeln schälen und fein hacken. Die Butter in einem Topf erhitzen und die Zwiebeln darin andünsten. Das Mehl einrühren und anschwitzen. Den Topf mit Brühe und Sahne auffüllen. Alles aufkochen lassen und unter Rühren zu einer Sauce andicken.

2 Den Senf in die Sauce rühren und mit Salz und Pfeffer abschmecken. Die Eier schälen und halbieren, in die Sauce geben und einige Minuten ziehen lassen. Eier in Senfsauce mit Petersilie bestreuen und mit Salzkartoffeln servieren. Gut passt ein grüner Salat dazu.

ZUTATEN

Für 4 Portionen

8 Eier
2 Zwiebeln
5 El Butter
3 El Mehl
250 ml Gemüsebrühe
200 g Sahne
2 El kräftiger Senf
Salz
Pfeffer
2 El frisch gehackte Petersilie

Zubereitungszeit
ca. 35 Minuten
Pro Portion
ca. 463 kcal/1938 kJ
18 g E · 40 g F · 8 g KH

Spargel-Schinken-Röllchen

1 Den Spargel waschen, schälen und die holzigen Enden entfernen. In kochendem Salzwasser mit etwas Zucker bissfest garen. Herausnehmen und abtropfen lassen.

2 Je 2 Spargelstangen in eine Scheibe Schinken rollen und mit einem Schnittlauchstängel festbinden.

3 Spargel-Schinken-Röllchen mit Kräuterremoulade servieren.

ZUTATEN

Für 4 Portionen

1 kg weißer Spargel
Salz
Zucker
8 Scheiben gekochter Schinken
1 Bund Schnittlauch
100 ml Kräuterremoulade

Zubereitungszeit
ca. 20 Minuten (plus Garzeit)

Pro Portion
ca. 225 kcal/942 kJ,
8 g E · 19 g F · 6 g KH

Möhren-Kartoffelstampf

1 Die Zwiebel schälen und fein hacken. Die Möhren putzen, schälen und grob würfeln. Die Zwiebel in der Butter glasig andünsten. Möhren dazugeben und bei geschlossenem Deckel kurz mitdünsten. Den Zucker darüberstreuen und die Möhren karamellisieren lassen. Anschließend kräftig salzen und pfeffern und mit der Hühnerbrühe ablöschen. Alles bei geschlossenem Deckel und unter gelegentlichem Rühren weich dünsten.

2 Die Kartoffeln schälen und grob würfeln. In reichlich Salzwasser gar kochen, abgießen und zu den Möhren geben. Die Hälfte der Möhren-Kartoffel-Mischung stampfen und wieder unter die Kartoffeln und Möhren heben. Die Petersilie waschen, trocken schütteln und fein hacken. Sahne und Petersilie unter das Möhren-Kartoffel-Gemüse rühren und nach Bedarf nachwürzen.

ZUTATEN

Für 4 Portionen

1 kleine rote Zwiebel
1 kg Möhren
30 g Butter
1/2 Tl Zucker
Salz
Pfeffer
50 ml Hühnerbrühe
500 g Kartoffeln
1 Bund glatte Petersilie
50 ml Sahne

Tipp

Besonders deftig schmeckt das Möhrengemüse mit gewürfeltem und angebratenem Schinkenspeck.

Zubereitungszeit

ca. 30 Minuten (plus Garzeit)

Pro Portion

ca. 250 kcal/1047 kJ
6 g E · 11 g F · 33 g KH

Nudelsalat mit Fleischwurst

1 Die Nudeln in kochendem Salzwasser nach Packungsanweisung bissfest garen. Die Erbsen 1 Minute vor Ende der Garzeit zu den Nudeln geben und mitkochen. Dann alles in ein Sieb gießen, kurz abschrecken und gut abtropfen lassen.

2 Die Fleischwurst von der Pelle befreien und in 1 cm große Würfel schneiden. Den Käse ebenfalls in kleine Würfel schneiden. Die Mandarinen gut abtropfen lassen, etwas Saft auffangen.

3 Die Salatmayonnaise mit dem Joghurt, Salz, Pfeffer, 3 El Mandarinensaft und Gewürzgurkensud verrühren.

4 Die Nudeln, Erbsen, Wurst, den Käse und die Mandarinen mit dem Dressing verrühren und 15 Minuten durchziehen lassen. Dann den Nudelsalat erneut abschmecken. Mit Petersilie bestreut servieren.

ZUTATEN

Für 4 Portionen

200 g kurze Makkaroni
Salz
100 g TK-Erbsen
200 g Fleischwurst
100 g Emmentaler
300 g Mandarinen (aus der Dose)
100 g Salatmayonnaise
100 g Naturjoghurt
6 El Gewürzgurkensud
Pfeffer
2 El fein gehackte Petersilie

Zubereitungszeit
ca. 20 Minuten (plus Gar- und Ziehzeit)
Pro Portion
ca. 517 kcal/2165 kJ
23 g E · 2 g F · 53 g KH

Kumpel-Frikadellen

mit Kartoffelsalat

ZUTATEN

Für 4 Portionen

800 g festkochende Kartoffeln
60 g durchwachsener Speck
2 Zwiebeln
350 ml Fleischbrühe
2 El Weinessig
4 El Sonnenblumenöl
Salz, Pfeffer
3 El Schnittlauchröllchen
100 ml Milch
2 Brötchen vom Vortag
1/2 Bund Petersilie
500 g gemischtes Hackfleisch
2 Eier
3 El Öl
1 Tl scharfer Senf
Muskatnuss, Majoran

1 Kartoffeln gründlich waschen und in kochendem Wasser 20 Minuten garen, abgießen, abkühlen lassen, schälen und in Scheiben schneiden. Speck fein würfeln, 1 Zwiebel schälen und fein hacken. Speckwürfel in einer Pfanne auslassen und die Zwiebel darin glasig dünsten.

2 Die Brühe erhitzen und in einer Schüssel mit Weinessig, Sonnenblumenöl, Salz und Pfeffer vermischen. Kartoffelscheiben, Zwiebeln und Speck damit vermischen. Salat mindestens 30 Minuten durchziehen lassen. Anschließend Schnittlauch darunterheben.

3 Milch erwärmen und die Brötchen darin 15 Minuten ziehen lassen, ausdrücken. Restliche Zwiebel schälen und fein hacken. Petersilie waschen, trocken schütteln und klein hacken.

Zubereitungszeit
ca. 50 Minuten (plus Zeit zum Ziehen)
Pro Portion
ca. 810 kcal/3402 kJ, 38 g E · 53 g F · 46 g KH

4 Hackfleisch in eine Schüssel geben und mit Brötchen, Petersilie und Eiern vermischen. 1 El Pflanzenöl erhitzen und die Zwiebeln darin andünsten lassen, anschließend ebenfalls zu der Fleischmasse geben. Alles mit Senf, Salz, Pfeffer, frisch geriebener Muskatnuss und Majoran zu einem glatten Teig verkneten.

5 Aus dem Teig mit nassen Händen kleine Fleischbällchen formen. Restliches Öl in einer Pfanne erhitzen und die Fleischbällchen darin goldbraun braten. Frikadellen dekorativ anrichten und mit dem Kartoffelsalat servieren.

Strammer Max

1 Die Brotscheiben nacheinander im Toaster oder im Backofen goldbraun rösten lassen. Die Margarine in einer Pfanne erhitzen, die Eier aufschlagen und in der heißen Margarine zu Spiegeleiern braten. Das Eiweiß leicht salzen, das Eigelb nicht mit Salz bestreuen.

2 Die getoasteten Brotscheiben mit der Butter gleichmäßig bestreichen. Die Schinkenscheiben großzügig auf die gebutterten Brotscheiben verteilen.

3 Jeweils 1 Spiegelei auf eine mit Schinken belegte Brotscheibe legen und anrichten. Die Gurken schneiden und den Strammen Max damit garnieren.

ZUTATEN

Für 4 Portionen

4 Scheiben Mischbrot
40 g Margarine
4 Eier
Salz
50 g Butter
200 g Scheiben Knochenschinken
4 Gewürzgurken

Zubereitungszeit
ca. 15 Minuten
Pro Portion
ca. 373 kcal/1565 kJ
20 g E · 30 g F · 7 g KH

Currywurst und Pommes Schranke

Kleine Gerichte gab es im Ruhrgebiet eigentlich nicht, gekocht und gegessen wurde anständig. Wenn die Mutter in Schürze oder Kittel am Herd stand, während die Kinder auf der Straße spielten, wurde die Küchenarbeit noch gänzlich von Hand verrichtet, lediglich Kühlschrank und Mixer hielten auch im Ruhrgebiet in den 1960er-Jahren Einzug ins Reich der Hausfrau.

Hauptgerichte gab es zu Mittag, wie es sich gehörte, und zum Abendbrot, wie der Name schon sagt, gab es Brot: Mit der Hand dick geschnittene Scheiben dunklen Brotes, die „Knifften", „Butters" oder „Bütterkes", wurden zuhauf geschmiert. Vätern und Kindern wurden diese morgens in metallenen Butterdosen oder in Zeitungspapier und Grubentuch gewickelt mitgegeben, das harte „Knäppken" fand dabei ebenfalls Verwertung, nichts wurde weggeworfen. Der Vater nahm noch die „Töte" (Kaffeeflasche) dazu. Die Mutter erhielt für die Versorgung im Gegenzug gelegentlich „dat Mutterklötzken", ein aus dem Pütt geschmuggeltes Stück Ofenholz. Die geschmackliche Bandbreite der Brotsorten war lange begrenzt. Bäckerwagen, wie sie bis in die 1960er-Jahre noch durch die Straßen fuhren, brachten überwiegend Graubrote und Stuten. Beim Belag sah es ganz ähnlich aus: Fleischwurst – mmmh, beim Metzger bekamen Kinder eine Scheibe zu probieren –, Blut- oder Grützwurst, die der Opa noch aus Ostpreußen kannte, oder grobe Leberwurst, die schon in Pommern so köstlich war.

Brotreste wurden mit Hackfleisch halb und halb zu Frikadellen verarbeitet, die schmeckten auch kalt am nächsten Tag. Besonders köstlich und wohl mit hohem Brotanteil schmeckten sie in der Kneipe an der Ecke. Dazu gab es zu Geburtstagen oder an

Silvester hausgemachten Kartoffelsalat nach dem überlieferten Rezept der Großmutter, vielleicht aus Schlesien hinübergerettet.

Nahrhafte Eintöpfe wie Linseneintopf, Graupensuppe oder Erbsensuppe mit Einlage als kleine Speisen zu bezeichnen ist wahrhaft vermessen, so gehaltvoll wie sie waren – mit durchwachsenem geräucherten Speck und sämigen Kartoffeln hergestellt. Sprechen wir hier also von einfachen Gerichten, die es am Samstag gab, am Badetag der ganzen Familie, an dem die Mutter außerdem zum Friseur ging und der Vater vor dem Fußballspiel noch das Auto wusch, war die Zeit knapp. Dieser Eintopf oder Reste vom Vortag wurden auch „auffe Schicht", „auf Zeche", mitgenommen; zum Transport diente bis in die 1950er- und 1960er-Jahre hinein der Henkelmann. Dabei handelt es sich um einen Behälter aus emailliertem Blech, der warm hielt und dessen Verschluss- und Tragehenkel er seinen Namen verdankt. Bei Bedarf und Möglichkeit hätte die mitgebrachte Speise darin im Wasserbad wieder erhitzt werden können. Aber Untertage gab es keine Kantine, und die Wege waren weit, also trug der Bergmann sein Essen am Mann.

Mit der Fresswelle in den 1960er-Jahren kam vor allem im Ruhrgebiet ihre große Stunde: die Pommesbude. In weißgekachelten Ladenlokalen bedienten ältere Damen in mintfarbenen Kitteln umhüllt von fettgeschwängertem Dampf, das

Angebotsspektrum der wenigen Gerichte entnahm man der Kreideschrift auf der großen Schiefertafel. Pommes frites mit Ketchup und Mayonnaise, „Pommes rot-weiß" oder auch „Pommes Schranke" genannt, wollte die Jugend. Ob Pommesbude oder Wurstbude auf der traditionsreichen Cranger Kirmes in Herne – wie viel köstlicher als bei Muttern schmeckte „Phosphatstange", die Bratwurst vom großen Grill mit Senf „auffe Faust", aus dem Pappschälchen! Und hinterher wurde im Musikcenter unter Gekreische rückwärts gefahren, bis allen schwindelig war.

In den 1960er-Jahren fand die Pizza, in den 1970er-Jahren fand der Döner Verbreitung, doch hier ist vor allem der Ort, der einzigartigen, der einzig wahren Currywurst zu huldigen, die, so schwört es das Ruhrgebiet entgegen sämtlicher Gerüchte aus Berlin, in Bochum erfunden wurde. Alles andere sei „Tinnef" (Unsinn). Nur die Currysauce aus der Holzbude am Engelbert-Brunnen ist die schärfste und damit richtige. Zur Herstellung der Bratwurst wird Schweinefleisch durch den Wolf gedreht und sehr fein zerkleinert, nach dem Geheimrezept von Großvater Otto gewürzt und mit Naturschweinedarm ummantelt. In 75 °C warmem Wasser ca. 20 Minuten gebrüht, abgehängt und schockgekühlt gelangt die Wurst an ihren Bestimmungsort, wo sie zerkleinert und im Saucenbett bis zu 40.000 Mal pro Woche ausgegeben wird. „Gehse inne Stadt, wat macht dich da satt – 'ne Currywurst. Kommse vonne Schicht, wat schönret gibt et nich als wie Currywurst."

Nicht umsonst wurde nur ihr allein Liedgut – von Herbert Grönemeyer – gewidmet, wurde sie zur „Stadionwurst" erkoren. „Willi, is dat schön, wie wir zwei hier stehn mit Currywurst!"

Revier-Reibekuchen

1 Kartoffeln schälen, waschen und auf einer nicht zu feinen Reibe mittelfein reiben. Die geriebenen Kartoffeln in ein Sieb geben und abtropfen lassen, dabei die Flüssigkeit auffangen. Die im Kartoffelwasser abgesetzte Stärke wieder zu den Kartoffeln hinzugeben. Zwiebel schälen, fein reiben, zu den Kartoffeln geben und darunterheben.

2 Eier mit Mehl, Semmelbröseln und Salz ebenfalls zu den Kartoffeln geben und alles miteinander vermischen, abschmecken.

3 In einer schweren Pfanne das Schweineschmalz oder Öl erhitzen. Mit einem Esslöffel kleine Teighäufchen in das Fett setzen und flach drücken. Sie sollten ganz dünn sein. Auf beiden Seiten knusprig braun braten, auf Küchenpapier etwas abtropfen lassen.

4 Die Reibekuchen am besten sofort aus der Pfanne essen. Möglichst nicht warm halten, damit sie schön knusprig bleiben. Mit Apfelkompott servieren.

ZUTATEN

Für 4 Portionen

1 kg Kartoffeln
1 Zwiebel
3 Eier
100 g Mehl
100 g Semmelbrösel
Salz
Schweineschmalz
oder Öl zum Braten

Zubereitungszeit
ca. 20 Minuten (plus Backzeit)
Pro Portion
ca. 435 kcal/1827 kJ, 16 g E · 7 g F · 74 g KH

Pellkartoffeln

mit Kräuterquark

1 Den Quark mit der Sahne verrühren, bis er schön cremig ist. Quark mit Salz und Pfeffer würzen.

2 Die Kräuter waschen, trocken schütteln und fein hacken oder wiegen. Die Kräuter unter den Quark mischen. Den Quark 20 Minuten ziehen lassen, dann nochmals kräftig mit Salz und Pfeffer abschmecken.

3 Die Kartoffeln waschen und in der Schale in kochendem Salzwasser etwa 20 Minuten garen. Dann abgießen und mit dem Kräuterquark servieren

ZUTATEN

Für 4 Portionen

1 kg Quark
250 ml Sahne
Salz
Pfeffer
1 Bund Petersilie
1 Bund Schnittlauch
1/2 Bund Liebstöckel
1/2 Bund Kerbel
1 kg Kartoffeln

Zubereitungszeit
ca. 15 Minuten (plus Kochzeit)
Pro Portion
ca. 375 kcal/1575 kJ
36 g E · 19 g F · 13 g KH

Panhas

1 Die Blut- und Leberwurst häuten, anschließend würfeln. Wurstwürfel in einen Topf geben und unter kräftigem Rühren anbraten. Die Brühe hinzugießen, alles verrühren und 15 Minuten köcheln.

2 Mit Salz, Pfeffer, Majoran und Nelken würzen. Unter kräftigem Rühren das Buchweizenmehl hineinrieseln lassen und alles etwa 20 Minuten bei geringer Hitze quellen lassen. Die steife Masse in eine Kastenform füllen und erkalten lassen.

3 Den Panhas in fingerdicke Scheiben schneiden und in wenig Mehl wenden. Etwas Schmalz in einer Pfanne erhitzen. Die Panhas-Scheiben von beiden Seiten darin schön braun braten. Dazu schmecken Apfelkraut, Bratkartoffeln und Gewürzgurken.

ZUTATEN

Für 4 Portionen

750 g Blutwurst
250 g grobe Leberwurst
1 l Fleischbrühe
Salz
Pfeffer
Majoran
1/2 Tl gemahlene Nelken
250 g Buchweizenmehl
etwas Mehl zum Wenden
Schmalz zum Braten

Zubereitungszeit
ca. 60 Minuten
Pro Portion
ca. 1063 kcal/4463 kJ
47 g E · 77 g F · 47 g KH

Kartoffelsalat mit Speck

1 Die Kartoffeln in der Schale in leicht gesalzenem Wasser etwa 25 Minuten garen. Dann abgießen und ausdampfen lassen. Die Zwiebel schälen und in kleine Würfel schneiden. Mit dem Essig und Zucker in eine Schüssel geben und gut durchziehen lassen.

2 Den Speck fein würfeln. Das Öl in einer Pfanne erhitzen und den Speck darin knusprig braten.

3 Die Kartoffeln pellen, in Scheiben schneiden und zu den Zwiebelwürfeln geben. Mit Salz und Pfeffer abschmecken. Den heißen Speck mit dem Bratfett über den Kartoffelsalat gießen und untermengen. Mit Petersilie garniert servieren.

ZUTATEN

Für 4 Portionen

750 g Kartoffeln
Salz
1 Zwiebel
5 El Essig
1 Tl Zucker
75 g Schinkenspeck
3 El Öl
Pfeffer
Petersilie zum Garnieren

Zubereitungszeit
ca. 20 Minuten (plus Garzeit)
Pro Portion
ca. 207 kcal/869 kJ
7 g E · 5 g F · 30 g KH

Speckpfannkuchen

1 Die Eier in einer Schüssel verquirlen. Das Mehl damit glatt verrühren. Alles mit etwas Salz und der Milch zu einem dickflüssigen Pfannkuchenteig verarbeiten. Den Teig etwa 30 Minuten quellen lassen.

2 Inzwischen den Speck in feine Streifen schneiden und in der Pfanne etwa 2 Minuten anbraten, herausnehmen. Etwas von dem ausgebratenen Speck in die Pfanne geben, eine Kelle Eierpfannkuchenteig darüber verteilen und zu goldbraunen Pfannkuchen backen.

3 Herausnehmen und warm halten. Nacheinander den Teig und den Speck zu Pfannekuchen backen.

ZUTATEN

Für 4 Portionen

2 Eier
250 g Mehl
Salz
500 ml Milch
200 g durchwachsener Speck
Schmalz zum Braten

Zubereitungszeit
ca. 40 Minuten (plus Backzeit)

Pro Portion
ca. 413 kcal/1733 kJ
23 g E · 13 g F · 51 g KH

Pommes Schranke

mit Bratwurst

ZUTATEN

Für 4 Portionen

1 Zwiebel, 2 El Öl
1–2 El Curry
2 El Tomatenmark
4 El brauner Zucker
1 Dose Tomaten (425 ml)
4 El Weißweinessig
Salz, Pfeffer
1 kg große Kartoffeln
(vorwiegend festkochend)
1 1/2 l Öl zum Frittieren
4 Bratwürste (à ca. 150 g)
4 El Salatmayonnaise

Zubereitungszeit
ca. 40 Minuten (plus Garzeit)
Pro Portion
ca. 900 kcal/3760 kJ
40 g E · 59 g F · 52 g KH

1 Für den Curryketchup die Zwiebel schälen und sehr fein würfeln. 1 El Öl in einem Topf erhitzen. Zwiebel darin andünsten, Curry darüberstäuben und kurz anschwitzen. Tomatenmark und Zucker zufügen, kurz mit anschwitzen. Tomaten samt Saft und Essig zugießen. Tomaten zerkleinern. Aufkochen und unter gelegentlichem Rühren offen ca. 10 Minuten köcheln. Mit Salz, Pfeffer und Curry abschmecken.

2 Die Kartoffeln waschen, schälen und mit einem Pommes-frites-Schneider in etwa 1 cm dicke Stäbchen schneiden. Mit Küchenpapier abtupfen. Frittieröl in einem hohen Topf oder der Fritteuse auf 180 °C erhitzen. Die Pommes portionsweise im heißen Öl 2–3 Minuten vorfrittieren. Jeweils herausheben und auf Küchenkrepp gut abtropfen lassen.

3 Inzwischen 1 El Öl in einer Pfanne erhitzen. Bratwürste mehrmals einstechen, damit sie nicht platzen, und im heißen Öl rundherum 8–10 Minuten braten.

4 Die Pommes im heißen Frittierfett portionsweise 3–5 Minuten goldbraun zu Ende frittieren. Abtropfen lassen und mit Salz bestreuen. Bratwürste mit Pommes, Curryketchup und Mayonnaise stilecht in einer Pappschale anrichten. Würste mit Curry bestäuben. Dazu mundet ein leckeres Bierchen.

5 Die Mayonnaise können Sie auch schnell selbst zubereiten. Hierfür 1 Eigelb, Salz, Pfeffer, Zucker, 1 Tl Zitronensaft und 1 Tl Senf in eine Rührschüssel geben und glatt rühren. Unter ständigem Rühren 50 ml Öl zunächst tropfenweise zugießen; sobald die Mayonnaise gebunden ist, das restliche Öl unter ständigem Rühren in einem dünnen Strahl einfließen lassen. Mit Salz und Pfeffer abschmecken.

Currywurst

1 Tomaten waschen, halbieren und die grünen Stielansätze herausschneiden. Dann in grobe Würfel schneiden. Zwiebel schälen und fein würfeln.

2 1 El Öl in einem Topf erhitzen und die Zwiebeln darin andünsten. Tomaten, Zucker, Sojasauce, Worcestersauce, Essig und 2 El Currypulver dazugeben und alles ca. 30 Minuten lang köcheln lassen.

3 Die eingekochten Tomaten mit dem Pürierstab pürieren, dann noch einmal dickflüssig einkochen lassen. Mit Salz und Pfeffer abschmecken.

4 Inzwischen das restliche Öl in einer Pfanne erhitzen. Die Bratwürste mehrmals einstechen, damit sie nicht platzen, und im heißen Öl rundherum 8–10 Minuten braten.

5 Die Bratwürste in mundgerechte Stücke schneiden (Schrägschnitt verrät den Kenner!), die Sauce darübergeben und mit dem restlichen Currypulver bestreuen. Die Currywurst am besten stilecht in einer Pappschale mit Holzpicker servieren. Dazu passen Pommes frites.

ZUTATEN

Für 4 Portionen

750 g Tomaten
1 Zwiebel
2 El Öl
1 El brauner Zucker
1 El Sojasauce
1 Tl Worcestersauce
1 El Essig
4 El Currypulver
Salz, Pfeffer
4 Bratwürste (à ca. 150 g)

Zubereitungszeit
ca. 30 Minuten (plus Garzeit)
Pro Portion
ca. 450 kcal/1880 kJ
37 g E · 29 g F · 11 g KH

Fleisch und Geflügel

Falscher Hase

1 Den Backofen auf 200 °C (Umluft 180 °C) vorheizen. Das Brötchen in wenig Wasser einweichen. Die Zwiebeln schälen und hacken. Das Hackfleisch mit dem ausgedrückten Brötchen, den Zwiebeln, den Eiern und der Petersilie zu einem geschmeidigen Teig verarbeiten und mit Senf, Salz, Pfeffer und Paprikapulver abschmecken.

2 Das Öl in einem Bräter erhitzen und den Fleischlaib darin von allen Seiten kräftig anbraten. Im Ofen ca. 1 Stunde schmoren.

3 Inzwischen die Kartoffeln in der Schale etwa 20 Minuten garen, abgießen, ausdämpfen und etwas abkühlen lassen. Dann pellen und in Scheiben schneiden. Speck würfeln und in einer Pfanne auslassen. Die Zwiebeln schälen, hacken und im Speckfett andünsten. Butterschmalz zugeben und erhitzen. Die Kartoffelscheiben darin knusprig goldbraun braten.

4 Den Falschen Hasen mit einer Tomatensauce oder dunklen Bratensauce servieren. Dazu die Bratkartoffeln reichen.

ZUTATEN

Für 4 Portionen

1 Brötchen vom Vortag
2 Zwiebeln
600 g gemischtes Hackfleisch
2 Eier
2 El frisch gehackte Petersilie
2 Tl Senf
Salz, Pfeffer
edelsüßes Paprikapulver
2 El Öl
400 g Kartoffeln
50 g Räucherspeck
2 Zwiebeln
2 El Butterschmalz

Zubereitungszeit
ca. 30 Minuten (plus Garzeit)
Pro Portion
ca. 482 kcal/2024 kJ, 33 g E · 35 g F · 8 g KH

Rinderrouladen

ZUTATEN

Für 4 Portionen

2 Zwiebeln, 4–8 Cornichons
4 Rinderrouladen (à 150 g)
3–4 Tl mittelscharfer Senf
4 Scheiben roher Schinken
Salz, schwarzer Pfeffer
1 Stange Lauch
2 Möhren
1/4 Knolle Sellerie
3 El Sonnenblumenöl
3 El Mehl
300 ml Fleischbrühe
100 ml trockener Rotwein
1 Tl getrockneter Majoran

Zubereitungszeit
ca. 30 Minuten (plus Garzeit)
Pro Portion
ca. 310 kcal/1300 kJ
33 g E · 14 g F · 8 g KH

1 Die Zwiebeln abziehen und sehr fein hacken, die Hälfte für später beiseitestellen. Die Cornichons zunächst längs in Scheiben und dann in kleine Würfel schneiden. Die Rouladen mit Senf bestreichen, mit jeweils 1 Scheibe Schinken belegen, die Zwiebeln und die Cornichons darauf verteilen und mit Salz und Pfeffer würzen. Die Roulade aufrollen, mit Küchengarn binden oder mit Rouladenklammern feststecken.

2 Den Lauch längs halbieren, die Stange auffächern und unter fließendem Wasser auswaschen. Dann den Lauch quer in Streifen schneiden. Die Möhren waschen, Wurzel- und Blattansätze wegschneiden und mit einem Sparschäler schälen. Die Möhren zuerst längs in Streifen schneiden und dann würfeln. Den Sellerie schälen und in kleine Würfel schneiden.

3 Das Öl in einem Schmortopf erhitzen, die Rouladen von allen Seiten darin anbraten und herausnehmen. Nun die restlichen Zwiebelwürfel mit dem Gemüse im Bratfett einige Minuten anschwitzen, dann die Rouladen wieder hineinsetzen und mit 1 El Mehl bestäuben. Mit der Fleischbrühe und dem Rotwein ablöschen und die Rouladen zugedeckt etwa 1 Stunde schmoren lassen.

4 Die Rouladen aus dem Bratsaft nehmen, mit Alufolie abdecken und im auf 50 °C vorgewärmten Ofen warm halten. Den Bratensatz durch ein feines Sieb streichen, in einen kleinen Topf geben und etwas einkochen lassen. Dann das restliche Mehl mit etwas kaltem Wasser anrühren und in den kochenden Bratenansatz einrühren. Aufkochen lassen und mit Salz, Pfeffer und etwas Majoran abschmecken.

Brathähnchen

1 Den Backofen auf 250 °C (Umluft 230 °C) vorheizen. Das Brathähnchen waschen und trocken tupfen. Mit Salz und Pfeffer einreiben. Die Butter in einem Bräter erhitzen und das Hähnchen darin von allen Seiten gut anbraten.

2 Den Bräter in den Ofen stellen und das Hähnchen 20 Minuten braten. Dann die Ofentemperatur auf 200 °C herunterschalten und das Hähnchen weitere 30 Minuten braten. Währenddessen mehrmals mit Bratensaft begießen. Das

Hähnchen nach dem Braten aus dem Ofen nehmen, in Portionsstücke schneiden und mit grünem Salat und Pommes frites servieren.

ZUTATEN

Für 4 Portionen

1 Brathähnchen
Salz
Pfeffer
2 El Butter

Zubereitungszeit
ca. 15 Minuten (plus Garzeit)
Pro Portion
ca. 268 kcal/1122 kJ
30 g E · 17 g F · 1 g KH

Königsberger Klopse

1 Butter in einem großen Topf schmelzen. Mehl mit dem Schneebesen unter ständigem Rühren hineingeben und anschwitzen, bis es weißlich schäumt. Brühe langsam dazugießen und mit dem Schneebesen glatt unterrühren. 5–10 Minuten auf niedriger Stufe köcheln lassen.

2 Brötchen in kaltem Wasser einweichen. Sardellen abtropfen lassen und in kleine Würfel schneiden. Zwiebel schälen und fein hacken. Brötchen gut ausdrücken und mit Hackfleisch, Zwiebel, Eiweiß und Sardellen vermischen. Mit Salz und Pfeffer abschmecken. Die Masse zu Klopsen formen.

3 Die Klopse in die Sauce geben und auf niedrigster Stufe etwa 15 Minuten in der Sauce ziehen lassen. Die Klopse herausnehmen. Kapern in die Sauce geben und die Sauce mit Zitronensaft, Salz und Pfeffer abschmecken. Zum Binden das Eigelb mit 2 El kaltem Wasser verrühren und zügig unter die Sauce rühren. Die Klopse auf Tellern anrichten und mit der Sauce servieren.

ZUTATEN

Für 4 Portionen

60 g Butter
40 g Mehl
500 ml Fleischbrühe
1 altbackenes Brötchen
6 Sardellen aus dem Glas
1 Zwiebel
400 g gemischtes Hackfleisch
1 Eiweiß
Salz
schwarzer Pfeffer
1–2 El Kapern
1 Tl Zitronensaft
1 Eigelb

Zubereitungszeit
ca. 35 Minuten (plus Garzeit)
Pro Portion
ca. 360 kcal/1480 kJ
26 g E · 23 g F · 15 g KH

Pfefferpotthast

1 Die Zwiebeln schälen und fein würfeln. Das Fleisch in Würfel schneiden. Das Schmalz in einem Topf erhitzen, Zwiebel- und Fleischwürfel darin portionsweise anbraten. Alles mit Salz und Pfeffer würzen.

2 Fleischbrühe, Nelken, Lorbeerblätter und Pfefferkörner hinzufügen. Alles etwa 1,5 Stunden bei mittlerer Hitze schmoren. Die Gurken abtropfen, längs in Streifen schneiden, etwas zum Garnieren beiseitelegen. Den Rest fein würfeln und zum Fleisch geben.

3 Das Roggenbrot hineinkrümeln und darunterrühren bzw. das Paniermehl darunterrühren. Den Potthast mit Salz, Pfeffer, Zucker und Zitronensaft scharf abschmecken. Mit restlichen Gewürzgurken und etwas Petersilie garniert anrichten. Dazu schmecken Petersilienkartoffen.

ZUTATEN

Für 4 Portionen

600 g Zwiebeln
800 g Rindfleisch
40 g Schweineschmalz
Salz, Pfeffer
750 ml Fleischbrühe
2 Gewürznelken
3 Lorbeerblätter
4 Pfefferkörner
5 Gewürzgurken
2 Scheiben Roggenbrot
oder 2 El Paniermehl
Zucker
Zitronensaft
gehackte Petersilie

Zubereitungszeit
ca. 35 Minuten (plus Garzeit)
Pro Portion
ca. 545 kcal/2289 kJ, 46 g E · 30 g F · 23 g KH

Gefüllter Gänsebraten Grugapark

ZUTATEN

Für 8 Portionen

600 g Maronen
500 g Äpfel
Saft von 1 Zitrone
2 El Butter
1 El Zucker
Salz
125 ml Hühnerbrühe
1 küchenfertige Gans (ca. 4 kg)
Pfeffer
1 Majoranzweig
125 ml helles Bier

Zubereitungszeit
ca. 35 Minuten (plus Koch- und Bratzeit)
Pro Portion
ca. 1938 kcal/8103 kJ
82 g E · 160 g F · 41 g KH

1 Den Backofen auf 200 °C vorheizen. Die Maronen mit einem Messer einritzen und auf einem Backblech im Ofen etwa 20 Minuten auf mittlerer Schiene backen. Inzwischen die Äpfel waschen, schälen, von den Kerngehäusen befreien und in Würfel schneiden. In eine Schüssel legen und mit kaltem Wasser und dem Zitronensaft übergießen.

2 Die Maronen aus dem Ofen nehmen, schälen und halbieren. Die Butter in einem Topf erhitzen. Apfelscheiben abtropfen lassen und in den Topf zur Butter geben. Maronen, Zucker und etwas Salz zufügen und einige Minuten köcheln lassen.

3 Die Brühe angießen und alles weitere 5 Minuten köcheln. Dann den Topf vom Herd nehmen. Die Gans waschen, trocken tupfen und innen und außen mit Salz und Pfeffer einreiben. Den Majoran waschen, trocken schütteln und in die Gans legen. Die Gans mit der Maronen-Apfel-Masse füllen und zunähen.

4 Die Gans mit der Brust nach unten in einen Bräter legen und mit 750 ml kochendem Wasser übergießen. Im Ofen auf der unteren Schiene etwa 1 Stunde braten, dann wenden und mit einer Gabel einstechen, damit das Fett abfließen kann. Die Gans öfter mit Bratenfett übergießen.

5 Nach insgesamt 2 Stunden 45 Minuten die Gans mit dem Bier übergießen und 10 Minuten knusprig braten. Dann die Gans aus dem Bräter nehmen und einige Zeit ruhen lassen. Den Bratenfond aufkochen und das Fett abschöpfen. Die Sauce noch etwas einkochen lassen und mit Salz und Pfeffer abschmecken.

Panhas und Pfefferpotthast

Auch im „Pott" waren die Haushalte, soweit es eben ging, Selbstversorger. Siedlungen und Kolonien bestanden aus einfachen Reihenhäusern mit einer praktischen Raumaufteilung. Das Elternschlafzimmer befand sich in der oberen Etage, sodass der „vonne Schicht" heimkehrende Bergmann Ruhe fand. In Mietshäusern mit Hinterhof, Toilette auf dem Flur und Kohlenkeller bildeten die Kinder der Familien eingeschworene Gemeinschaften. So oder so, Zentrum eines jeden Haushalts war

die Wohnküche, in der sich das Familienleben abspielte. Hier saß man um den Tisch, hier wurde gebrutzelt, geschmort und eingekocht und am Samstag nacheinander in der Zinkwanne gebadet. In jedem Fall gab es einen Garten oder zumindest einen Gartenanteil für alle Bewohner, und sei er noch so schmal, zusätzliches Grabeland konnte angepachtet werden. Im Garten befand sich ein kleines Stallgebäude aus Backstein für die Kleinviehhaltung; in der unteren „Etage" wurde ein Schwein gemästet oder eine Ziege, die „Bergmannskuh", untergebracht. Die Bewohner eines

Hauses teilten sich oft ein Schwein in der Anschaffung und später nach der Schlachtung die Lebensmittel. Das „Dachgeschoss" des Stalls war den Hühnern vorbehalten, die Eier lieferten und denen später einmal der Hals zwecks Zubereitung kräftigender Hühnersuppen oder gebratener Hähnchenschenkel umgedreht wurde.

Ein großes Fest war die gemeinsame nachbarschaftliche Schweineschlachtung: Ein Metzger half, bevor die Frauen eines Hauses sich am im Hof aufgehängten Schwein an die eigentliche Arbeit machten – da wurden die von den Kindern heiß begehrten Wurstketten hergestellt, frische Sülze eingekocht oder Panhas für alle zubereitet; noch warm galt er als Hochgenuss. Letzterer ist ein eigen Ding: Aus der frischen Wurst der Hausschlachtung wurde in einem riesigen Topf zusammen mit Speck, Buchweizenmehl und Blut eine gehaltvolle Mischung angerührt. Sie musste fest werden und sollte möglichst frisch gegessen werden. Allein die Nennung des Gerichts lässt heute vielen den Atem stocken. Speckschwarten wurden gehandelt wie Gold, denn kaum ein Gericht wurde ohne ausgelassenen Speck zubereitet, der den Männern die nötige Kraft für ihre harte Arbeit verlieh. Speckschwaden waberten gleichermaßen bei der Zubereitung von Suppen, Gemüse oder Fleisch durch die Küche. Einen Schweinebraten mit sämiger Sauce gab es – aber nur hin und wieder – an Sonntagen. Rindfleisch war teuer und wurde als Rinderrouladen, Sauerbraten oder würzig-zarter Pfefferpotthast zu Familienfesten oder hohen Feiertagen gereicht. Noch lieber ging man damals zum günstigeren Pferdemetzger – viele schwören heute noch, dass nur Gulasch aus Pferdefleisch richtig lecker schmeckt.

Die Taube nimmt gerade im Ruhrgebiet eine Sonderstellung ein. Aus den belgischen Kohlerevieren war die Sitte der Taubenzucht bis an die Ruhr gelangt. Die Taube war immer mehr als nur ein Haustier: Das „Rennpferd des kleinen Mannes", wie sie auch genannt wird, verschaffte dem Bergmann bzw. dann „Taumvatter" im „Taumschlach" auf dem Dach nicht nur Glück, Erholung und Ablenkung von der schweren Maloche im Halbdunkel in über 1000 Meter Tiefe im Pütt (von Pott, Pfütze, Grube) oder von der Arbeit an der Kokille mit rund 1500 °C glühend heißem Rohstahl, sie verlieh in Wettbewerben als erfolgreiche Brieftaube einer Reisevereinigung auch hohes Ansehen. Der schnellste Heimkehrer in den heimischen Schlag konnte mit einem Pokal und sogar einem Preisgeld rechnen – verständlicherweise wurde die Bindung da eng. Allerdings nicht so eng, dass nicht hin und wieder ein Tier sein Leben für den Kochtopf lassen musste, gerade in Zeiten der Not ging es an manch gefiederten Kragen. Tauben haben ein zartes, weißes Fleisch, das als besonders bekömmlich gilt und als Krankenkost gereicht wird –

geschmorte junge Tauben, lecker! Im Revier gibt es noch heute etwa 10.000 Brieftaubenzüchter.

Freunde der Kinder waren die sanftäugigen „Stallhasen" (Kaninchen), die ebenfalls in Ställen hinter dem Haus liebevoll gezüchtet, gefüttert – ja, und, waren sie einmal fett und kräftig genug – auch geschlachtet und fachmännisch abgezogen wurden. Da floss so mancher Tropfen Schnaps, bis das Werk vollbracht war, und so manche Kinderträne, wurde der Name des Sonntagsbratens bei Tisch erwähnt.

Himmel und Erde

1 Kartoffeln schälen, waschen und in Salzwasser mit dem Lorbeerblatt etwa 25 Minuten garen. Inzwischen die Äpfel schälen, vierteln, entkernen und würfeln. Den Apfelsaft mit dem Zitronensaft, Zucker und Apfelwürfeln 10 Minuten köcheln lassen.

2 Den Backofen auf 200 °C vorheizen. Die Zwiebeln schälen, in Ringe schneiden und in heißem Öl braten. Die Milch mit der Hälfte der Butter erhitzen. Kartoffeln abgießen, Milch hinzufügen und zerstampfen. Mit Salz und Muskat abschmecken.

3 Restliche Butter zerlassen und das Paniermehl darunterrühren. Kartoffelpüree und Apfelkompott in eine gefettete Auflaufform schichten. Blutwurst drauflegen und Zwiebelringe darüber verteilen.

4 Alles im vorgeheizten Backofen bei 200 °C etwa 15 Minuten backen. Die Petersilie waschen, trocken schütteln und fein hacken. Himmel und Erde damit bestreuen.

5 Alternativ das Apfelkompott mit dem Püree vermischen und mit den Zwiebelringen bestreut servieren. Die Blutwurst in Butter braten und separat reichen.

ZUTATEN

Für 4 Portionen

1 kg mehlige Kartoffeln
Salz, 1 Lorbeerblatt
1 kg säuerliche Äpfel
250 ml Apfelsaft, Saft von 1 Zitrone
2 El Zucker
3 Zwiebeln
1 El Öl
250 ml Milch, 50 g Butter
Muskatnuss
2 El Paniermehl
200 g Blutwurst in Scheiben
1/2 Bund Petersilie
Fett für die Form

Zubereitungszeit
ca. 40 Minuten (plus Koch- und Backzeit)
Pro Portion
ca. 695 kcal/2919 kJ
17 g E · 33 g F · 80 g KH

Schnitzel mit Jägersauce

1 Die Schnitzel waschen, trocken tupfen und flach klopfen. Mit Salz und Pfeffer würzen.

2 Die Eier verquirlen und auf einen Teller geben. 4 El Mehl und das Paniermehl auf zwei andere Teller geben. Das Butterschmalz in einer Pfanne erhitzen.

3 Die Schnitzel nacheinander im Mehl, den Eiern und dem Paniermehl wenden und im heißen Fett von beiden Seiten etwa 6–7 Minuten backen. Aus der Pfanne nehmen und warm stellen.

4 Für die Sauce die Pilze putzen, waschen, trocken tupfen und klein schneiden. Die Zwiebel schälen und hacken. Die Zwiebel mit den Pilzen im verbliebenen Bratfett unter Rühren etwa 5 Minuten schmoren. 2 El Mehl darüberstäuben und mit der Brühe ablöschen. Den Rinderfond angießen und sämig einkochen, mit Salz und Pfeffer abschmecken. Die Schnitzel mit der Sauce und Pommes frites servieren.

ZUTATEN

Für 4 Portionen

4 Schweineschnitzel
Salz
Pfeffer
2 Eier
6 El Mehl
100 g Paniermehl
2 El Butterschmalz
500 g gemischte Waldpilze
1 Zwiebel
100 ml Fleischbrühe
350 ml Rinderfond

Zubereitungszeit
ca. 20 Minuten (plus Brat- und Kochzeit)
Pro Portion
ca. 420 kcal/1764 kJ
42 g E · 12 g F · 32 g KH

Rindfleisch mit Meerrettich

1 Das Rindfleisch von Häuten und Sehnen befreien. Zwiebel und Möhre schälen und in Würfel schneiden. Staudensellerie waschen, putzen und klein schneiden.

2 Das Fleisch mit dem Gemüse, 1 Tl Salz, 1/2 Tl Pfeffer, Brühe und so viel Wasser, dass das Fleisch bedeckt ist, in einem großen Topf zum Kochen bringen und etwa 2 Stunden bei geringer Temperatur köcheln lassen, bis das Fleisch sehr weich ist. Das Fleisch warm stellen, den Bratenfond durch ein Sieb abgießen.

3 Für die Sauce 100 ml des Bratenfonds mit saurer Sahne, Senf und Meerrettich verrühren und in einem Topf erwärmen. Mit Salz und Pfeffer abschmecken. Das Fleisch in Scheiben schneiden und mit der Sauce und Petersilie servieren. Dazu schmecken gebackene Kartoffeln.

ZUTATEN

Für 4 Portionen

2 kg Rinderbraten
1 Zwiebel
1 Möhre
1 Stange Staudensellerie
Salz, Pfeffer
200 ml Brühe
250 g saure Sahne
1 Tl Senf
2 El Meerrettich
1/2 Bund frisch gehackte Petersilie

Zubereitungszeit
ca. 30 Minuten (plus Garzeit)
Pro Portion
ca. 893 kcal/3748 kJ
101 g E · 50 g F · 6 g KH

Kasseler mit Kraut

1 Die Zwiebeln schälen und hacken. Das Öl in einem Topf erhitzen und die Zwiebeln darin andünsten. Das Sauerkraut zerzupfen, dazugeben und mitdünsten.

2 Das Fleisch waschen und trocken tupfen. Mit dem Lorbeerblatt und den Wacholderbeeren auf das Sauerkraut legen. Die Brühe angießen und alles etwa 20 Minuten köcheln.

3 Mit Salz und Pfeffer abschmecken. Dazu frisches Brot mit Butter und Senf reichen. Vor dem Servieren Lorbeerblatt entfernen.

ZUTATEN

Für 4 Portionen

2 Zwiebeln
1 El Öl
500 g Sauerkraut
600 g Kasseler ohne Knochen, in Scheiben
1 Lorbeerblatt
5 Wacholderbeeren
1 l Gemüsebrühe
Salz
Pfeffer

Zubereitungszeit
ca. 30 Minuten (plus Schmor- und Kochzeit)
Pro Portion
ca. 325 kcal/1365 kJ
24 g E · 22 g F · 8 g KH

Wirsingrouladen

mit Hackfleisch

1 Den Wirsing waschen, putzen, den harten Strunk herausschneiden. Den Kohlkopf in kochendem Salzwasser etwa 10 Minuten köcheln. Dann mit einer Schaumkelle herausheben, abtropfen lassen und 6 große Blätter ablösen. Den restlichen Kohl anderweitig verwenden.

2 Das Brötchen in Wasser einweichen und anschließend gut ausdrücken. Die Zwiebel schälen und fein hacken. Brötchen, Zwiebel, Hackfleisch und Ei zu einem festen Teig verarbeiten und mit Salz, Pfeffer und Paprikapulver würzen. Den Senf unterrühren.

3 Die Kohlblätter auslegen und den Fleischteig darauf verteilen. Blätter von der Seite aus einschlagen und von der Blattrippe her zusammenrollen, mit Küchengarn festbinden.

4 Das Butterschmalz in einem Bräter erhitzen und die Wirsingrouladen darin rundherum gut anbraten. Die Brühe angießen und die Rouladen etwa 1 Stunde schmoren. Dann aus dem Bräter nehmen und warm stellen. Den Schmorfond mit Sahne aufkochen und mit Saucenbinder andicken. Abschmecken und zu den Wirsingrouladen servieren.

ZUTATEN

Für 4 Portionen

1 großer Wirsingkopf
1 Brötchen vom Vortag
1 Zwiebel
500 g gemischtes Hackfleisch
1 Ei
Salz, Pfeffer
edelsüßes Paprikapulver
1–2 Tl Senf
2 El Butterschmalz
500 ml Gemüsebrühe
100 ml Sahne
Saucenbinder

Zubereitungszeit
ca. 40 Minuten (plus Garzeit)
Pro Portion
ca. 432 kcal/1809 kJ
28 g E · 32 g F · 9 g KH

Schaschlik „Schimmi“

1 Die verschiedenen Fleischarten in mundgerechte Stücke schneiden. Lammfleisch mit Knoblauch und Thymian würzen. Paprikaschoten, Zwiebeln und Speck in Stücke schneiden.

2 Abwechselnd Lammfleisch, Kalbsleber, Speck, Paprikaschoten und Zwiebelstücke auf Spieße stecken, gut mit Öl bestreichen und auf den Grill legen. 4 bis 5 Minuten von allen Seiten grillen.

3 Mit Salz, Thymian und Pfeffer würzen und mit Ketchup beträufeln. Sehr heiß servieren.

ZUTATEN

Für 4 Portionen

150 g Lammfleisch
150 g Kalbsleber
150 g Schweinefilet
Knoblauch
Thymian
2 Paprikaschoten
2 Zwiebeln
100 g Speck
2 El Olivenöl
Salz
Pfeffer
Ketchup

Zubereitungszeit
ca. 10 Minuten (plus Grillzeit)
Pro Portion
ca. 38 kcal/1590 kJ
28 g E · 26 g F · 6 g KH

Fischgerichte

Roter Heringssalat

1 Die Heringe etwa 24 Stunden wässern. Anschließend trocken tupfen, die Gräten entfernen, filetieren und das Fischfleisch in feine Streifen schneiden.

2 Die Kartoffeln waschen, 20 Minuten garen, abgießen und abkühlen lassen. Dann schälen und würfeln. Die Rote Bete waschen, in Salzwasser ebenfalls 20 Minuten garen, dann abgießen und abkühlen lassen. Rote Bete schälen und würfeln.

3 Die Äpfel waschen, schälen, von den Kerngehäusen befreien und in Würfel schneiden. Die Zwiebeln schälen und in Ringe schneiden. Saure Gurken fein schneiden. Alle Zutaten in eine Schüssel geben.

4 Aus Senf, Essig, Öl und saurer Sahne eine Marinade rühren und über die Zutaten geben. Den Heringssalat mit Zucker abschmecken, wenn er zu sauer sein sollte.

ZUTATEN

Für 4 Portionen

2 Salzheringe
4 Kartoffeln
1 Rote Bete
2 Äpfel
2 Zwiebeln
1–2 saure Gurken
1 Tl Senf
3 El Essig
2 El Öl
2–3 El saure Sahne
Zucker nach Geschmack

Zubereitungszeit
ca. 45 Minuten (plus Zeit zum Wässern)
Pro Portion
ca. 195 kcal/816 kJ
15 g E · 12 g F · 6 g KH

Bratheringe

1 Die Fische säubern, waschen, trocken tupfen und salzen. In dem Mehl wälzen und in dem heißen Butterschmalz oder Öl von beiden Seiten kräftig anbraten. Fertige Fische vorsichtig aus der Pfanne heben und warm halten.

2 Die Zwiebeln schälen und in Scheiben schneiden. 250 ml Wasser mit den Zwiebeln, 1 El Salz, Pfeffer- und Senfkörnern sowie dem Lorbeerblatt zum Kochen bringen. Nach etwa 2 Minuten den Essig dazugeben und kurz aufkochen lassen. Leicht abkühlen lassen und über die noch recht warmen Fische gießen, sodass diese bedeckt sind. Wenn die Heringe vollständig abgekühlt sind, kann der Fisch serviert werden.

3 Noch besser schmeckt er jedoch, wenn man ihn mindestens 2 Tage durchziehen lässt. Im Kühlschrank hält er sich ca. 2 Wochen. Brathering schmeckt gut zu Pellkartoffeln oder Brötchen.

ZUTATEN

Für 4 Portionen

8 grüne Heringe
Salz
4 El Mehl
Öl oder Butterschmalz zum Braten
2 große Zwiebeln
8 Pfefferkörner
1–2 El Senfkörner
1 Lorbeerblatt
250 ml Weißweinessig

Zubereitungszeit
ca. 20 Minuten
(plus Bratzeit und Zeit zum Durchziehen)
Pro Portion
ca. 290 kcal/1190 kJ
22 g E · 16 g F · 14 g KH

Muscheln

1 Die Muscheln unter Wasser gründlich abschrubben und mehrfach nachspülen, bis der Sand entfernt ist. Nicht ganz geschlossene Muscheln entfernen. Die Zwiebeln schälen und klein schneiden. Die Möhren und den Sellerie schälen, waschen und ebenfalls klein schneiden. Den Porree putzen, waschen und grob zerkleinern. Die Petersilie waschen.

2 Anschließend alles mit den zerdrückten Wacholderbeeren, den Pfefferkörnern, den Lorbeerblättern, Salz und dem Wein in einen Topf geben. Muscheln hinzugeben und mit Wasser bedecken.

3 Alles kochen lassen, bis sich die Muscheln geöffnet haben. Vom Herd nehmen, 5 Minuten ziehen lassen. Die Muscheln portionsweise in tiefe Teller geben, Brühe darüber verteilen und servieren. Dazu schmeckt saftiges Schwarzbrot mit Butter.

ZUTATEN

Für 4 Portionen

4 kg Miesmuscheln
5 Zwiebeln
3 Möhren
1/2 Sellerieknolle
1 Stange Porree
1 Bund Petersilie
8 Wacholderbeeren
15 schwarze Pfefferkörner
3 Lorbeerblätter
Salz
1 l trockener Weißwein

Zubereitungszeit
ca. 25 Minuten (plus Kochzeit)
Pro Portion
ca. 770 kcal/3234 kJ
103 g E · 15 g F · 50 g KH

Lappenpickert
mit Matjes und Kräuterquark

1 Für die Marinade den Rotwein mit Wasser, Weinessig nach Wunsch, Gewürzkörnern, Lorbeerblättern, Nelken, Salz und Zucker nach Geschmack aufkochen und erkalten lassen. Die Matjesfilets in der Marinade über Nacht ziehen lassen.

2 Den Quark mit den Kräutern verrühren. Den Knoblauch schälen und dazupressen, mit Salz und Pfeffer abschmecken. Die Eier mit Mehl, Salz und Milch zu einem glatten Pfannkuchenteig verrühren. Die Kartoffeln schälen, waschen und gerieben unter den Teig heben.

3 Anschließend in einer leicht gefetteten Pfanne kleine Pfannkuchen backen, herausnehmen und warm halten. Die Zwiebeln schälen und in sehr feine Ringe schneiden. Pfannkuchen mit Matjes und Kräuterquark anrichten. Zwiebelringe darauf verteilen und servieren.

Zubereitungszeit
ca. 45 Minuten (plus Zeit zum Marinieren)
Pro Portion
ca. 868 kcal/3644 kJ
50 g E · 31 g F · 88 g KH

ZUTATEN

Für 4 Portionen

250 ml Rotwein
etwas Weinessig
3 Wacholderbeeren, 1/2 Tl Senfkörner
5 Pfefferkörner, 2 Lorbeerblätter
2 Nelken
Salz, Pfeffer, Zucker
8 küchenfertige gehäutete Matjesfilets
200 g Quark
2 El gehackte gartenfrische Kräuter
1/2 Knoblauchzehe
3 Eier
200 g Mehl
125 ml Milch
1 kg Kartoffeln
Öl oder Schmalz zum Backen
4 Zwiebeln

Hering und nochmals Hering

Das Ruhrgebiet ist eine wasserreiche Region: Zwei große Ströme, Rhein und Ruhr, sind Wasserstraßen, Naherholungsgebiete und Trinkwasserspender in einem. Der Fluss, der der Region ihren Namen verlieh, durchfließt nicht eigentlich das Revier, sondern liebliche Naturlandschaften, denn der Steinkohlebergbau ist nach Norden gewandert. Fast 220 Kilometer lang ist die Ruhr und entspringt im Hochsauerland. Der größte und wasserreichste Fluss Westfalens ergießt sich bei Duisburg-Ruhrort, dem größten Binnenhafen der Welt, in den Rhein. Über Flüsse wie Rhein und Ruhr oder kleinere Flüsse wie Niers, Lippe oder Lenne war das Revier wie über Lebensadern mit der Außenwelt verbunden. Vor allem sind es jedoch Kanäle wie der Ende des 19. Jahrhunderts vollendete Dortmund-Ems-Kanal, der Datteln-Hamm-Kanal und der Rhein-Herne-Kanal, beide 1914 gebaut, sowie der Wesel-Datteln-Kanal aus dem Jahre 1931, die Kontakte schufen und den Gütertransfer etwa zu den Nordseehäfen, zum Mittellandkanal oder als direkte Verbindung zum Rhein ermöglichten.

Für die Abwasser- und Abfallentsorgung sowohl aus Industrie als auch aus Privathaushalten war die Emscher mit ihrem nur geringen natürlichen Gefälle vorgesehen. Durch den Kohleabbau sackte sie ab und bildete Sümpfe, in die schon die Vorväter ihren Abfall kippten. Die Funktion der Emscher sollte sich für lange Zeit nicht ändern, gerade auch, nachdem sie begradigt und in ein Betonbett gezwungen worden war. Der Ruhr blieb die Trinkwasserversorgung vorbehalten. Allerdings kam zeitweise in besonders heißen Sommern in den neu entstandenen Großstädten kaum noch Frischwasser an, denn Wasserwerke in den oberhalb gelegenen Flussabschnitten hatten bereits große Men-

gen entnommen. Erst der 1899 gegründete Ruhrtalsperrenverein (RTV) sorgte mit zunächst vier Talsperren in Trockenzeiten für eine gleichmäßige Wasserversorgung. Stauseen wie der Baldeneysee, der Hengsteysee, der Harkortsee, der Kemnadersee oder der Kettwiger Stausee sowie schließlich 14 Talsperren sorgen bis heute für Trinkwasser, verhindern Überflutungen und dienen, last, but not least, als Erholungsraum für die städtische Bevölkerung. Der Familien-Sontagsausflugs-Klassiker für all jene, die nicht nobel hoch über der Ruhr im Kaffeegarten Platz nahmen: mit Fahrrad, karierter Wolldecke, Bütterkes, Omas Streuselkuchen und diversen Getränken „am Kanal". Die Jugend zelebrierte waghalsige Sprünge ins undurchdringliche Nass, es ergab sich so mancher Flirt.

Der RTV trug auch Sorge für Bestände an Seeforellen, Hechten, Schleien, Zandern und Flussbarschen, Renken und Maränen, Karpfen und Weißfischen in seinen Talsperren. Es heißt, in der Ruhr seien heute ca. 28 Fischarten vertreten. Im Oberlauf sollen unter anderem Bachforelle und Koppe, im Unterlauf Brasse, Döbel, Karpfen und Schleie und dazwischen Äsche, Barbe, Hecht und Rotfeder zu finden sein. So mag es mit Einschränkungen – nicht zuletzt wegen der Umweltbelastung – auch in den 1950er-Jahren bis in die 1970er-Jahre gewesen sein, denn an den Gewässern des Ruhrgebiets wurde immer geangelt. Wie stolz waren wir Kinder beim Angeln mit Vater, wenn ein Fisch an der Leine zappelte!

Allerdings erklärt sich eine gewisse Neigung im Ruhrgebiet zum Fisch wohl eher aus der Nachbarschaft zu den Niederlanden oder zum Rheinland und aus den guten Verkehrsverbindungen über Wasserstraßen zu deutschen und niederländischen Küsten. Die Bachläufe Westfalens und des Sauerlandes versorgten das Ruhrgebiet außerdem mit frischem Fisch aus sauberen Gewässern. Seinen Fisch kaufte der Revierbürger hauptsächlich auf den Wochenmärkten, und meistens handelte es sich dabei um Hering. War da vielleicht auch ein wenig die Erinnerung an die schlesische oder ostpreußische Heimat im Spiel? Schellfisch, Scholle, Rotbarsch oder auch einmal Miesmuscheln für das Resteessen „Kuschelmusch" wurden ebenfalls gekauft, aber nur dem Hering widerfuhr eine solch variantenreiche, fantasievolle Zubereitung – außerdem war er preisgünstig und mit wenigen Mitteln in ein köstliches Gericht zu verwandeln: Der Freitagsklassiker gebratene grüne Heringe wurde einfach in Mehl gewendet und in Butter knusprig gebacken, Heringsstipp mit Zwiebeln, Apfel, Gurken, Sahne und Gewürzen – schön durchziehen lassen – oder säuerlich eingelegte Matjesfilets ergaben mit Bratkartoffeln oder Pellkartoffeln ein Gericht für echte „Schmecklecker" (Genießer). Und „Ommas" Rezepte sind bis heute die besten!

Heringsstipp

1 Die Zwiebeln schälen und in feine Ringe schneiden. Gurken abtropfen lassen und in feine Scheiben schneiden. Die abgetropften Heringsfilets in etwa 2 cm breite Stücke schneiden. Apfel waschen, vierteln, entkernen und in 1/2 cm dicke Scheiben schneiden.

2 Den Dill waschen, trocken schütteln und klein hacken. Die Crème fraîche mit dem Joghurt, etwas Meerrettich und Senf nach Geschmack verrühren. Alles mit Salz, Pfeffer und 1 Prise Zucker würzen. Die Sauce mit den Zwiebeln, Gurken, Hering, Apfel und Dill vermischen.

3 Den Heringsstipp vor dem Servieren mindestens 1 Stunde durchziehen lassen. Dazu schmecken Pellkartoffeln oder Schwarzbrot mit Butter.

ZUTATEN

Für 4 Portionen

150 g rote Zwiebeln
120 g Gewürzgurken
250 g saure Heringsfilets
1 Apfel
1/2 Dill
150 g Crème fraîche
150 g Naturjoghurt
Meerrettich
Senf
Salz, Pfeffer
Zucker

Zubereitungszeit
ca. 25 Minuten (plus Garzeit)
Pro Portion
ca. 300 kcal/1260 kJ
15 g E · 22 g F · 10 g KH

Gebackene Heringe

mit Zwiebelfüllung

ZUTATEN

Für 4 Portionen

800 g grüne Heringe
Saft von 1 Zitrone
1 El Salz
4 El milder Senf
1 Zwiebel
Paniermehl
2 El Butter

Zubereitungszeit
ca. 55 Minuten

Pro Portion
ca. 290 kcal/1218 kJ
37 g E · 15 g F · 2 g KH

1 Den Backofen auf 250 °C vorheizen. Die Heringe ausnehmen, von der Rückengräte befreien, säubern, waschen und abtropfen lassen. Anschließend innen mit Zitronensaft beträufeln und salzen.

2 Jeden Hering innen mit je 1 El Senf bestreichen. Die Zwiebeln schälen und klein würfeln, die Heringe damit füllen und zuklappen. Anschließend in Paniermehl wenden, Paniermehl etwas andrücken. Eine feuerfeste Form mit etwas von der Butter einfetten und die Heringe hineinlegen.

3 Restliche Butter in Flöckchen auf den Heringen verteilen. Alles im Backofen bei 225 °C 20–30 Minuten backen. Dazu schmecken Salzkartoffeln und Erbsen und Möhren.

Karpfen blau Kowalski

1 Die äußere Schleimschicht darf beim Karpfen nicht verletzt sein, sonst wird er nicht richtig blau.

2 3 Liter Wasser salzen und zum Kochen bringen. Die Zwiebeln schälen und vierteln, die Möhre schälen, die Petersilie waschen und trocken schütteln, den Lauch putzen und waschen, den Sellerie schälen. Das Gemüse, die Wacholderbeeren, Pfefferkörner und Lorbeerblätter ins kochende Wasser geben.

3 Den Karpfen vorsichtig von innen und außen mit Wasser abspülen. Kartoffeln mit Schale waschen. Die Kartoffeln auf einer Seite anschneiden, sodass eine glatte Fläche entsteht. Eine Kartoffel in den Bauchraum des Karpfens geben und den Fisch in einen Topf stellen. Den Fisch mit den anderen beiden Kartoffeln stabilisieren.

4 Den Weißweinessig erhitzen und über den Karpfen gießen. Anschließend den leicht köchelnden Gemüsesud über den Fisch mit dem Essig geben und bei mäßiger Temperatur ca. 20 Minuten ziehen lassen. Der Karpfen ist gar, wenn man die Rückenflosse leicht herausziehen kann. Dazu passen Petersilienkartoffeln, Buttersauce, Meerrettich und ein grüner Salat.

ZUTATEN

Für 4 Portionen

2 El Salz
2 Zwiebeln
1/2 Möhre
1 Stängel Petersilie
1/3 Stange Lauch
1 kleines Stück Knollensellerie
1 Tl Wacholderbeeren
1 Tl schwarze Pfefferkörner
3 Lorbeerblätter
1 Karpfen (ca. 1 kg)
3 große Kartoffeln
250 ml Weißweinessig

Zubereitungszeit
ca. 25 Minuten (plus Garzeit)
Pro Portion
ca. 280 kcal/1150 kJ
41 g E · 1 g F · 1 g KH

Matjesfilets

1 Die Gurke schälen, halbieren, entkernen und in Streifen schneiden. Die Äpfel waschen, vierteln und entkernen, ebenfalls in Streifen schneiden.

2 Die Zwiebeln schälen, vierteln und in Scheiben schneiden.

3 Joghurt mit Mayonnaise verrühren und mit Salz, Pfeffer, Zucker und Meerrettich abschmecken. Äpfel, Gurken und Zwiebeln unterziehen.

4 Die Matjesfilets abtropfen lassen und auf Tellern anrichten. Die Sauce darüber verteilen. Mit Speckkartoffeln servieren.

ZUTATEN

Für 4 Portionen

1/2 Salatgurke
2 Äpfel
2 Zwiebeln
100 g Naturjoghurt
100 g Mayonnaise
Salz
Pfeffer
Zucker
Meerrettich
8 Matjesfilets

Tipp

Besonders zart werden die Matjes, wenn man sie vor der Weiterverarbeitung mindestens 30 Minuten in ein Gemisch aus Wasser und Milch legt.

Zubereitungszeit
ca. 25 Minuten
Pro Portion
ca. 593 kcal/2488 kJ
28 g E · 46 g F · 18 g KH

Desserts

Arme Ritter

ZUTATEN

Für 4 Portionen

250 ml Milch
1 Tl abgeriebene Schale von
1 unbehandelten Zitrone
3 El Zucker
1 El Zimt
4 Scheiben Weißbrot
vom Vortag
4 Eier
60 g Butter

1 Die Milch mit Zitronenschale, Zucker und Zimt in einem Topf aufkochen und abkühlen lassen.

2 Die Weißbrotscheiben in die abgekühlte Milch legen und 5 Minuten einweichen.

3 Die Eier in einem Teller verquirlen. Die Weißbrotscheiben aus der Milch nehmen und im Eischaum wenden.

4 Die Butter in einer Pfanne schmelzen und die Weißbrotscheiben darin von beiden Seiten goldbraun und knusprig braten. Dazu Fruchtkompott reichen.

Zubereitungszeit
ca. 15 Minuten (plus Backzeit)
Pro Portion
ca. 263 kcal/1103 kJ
12 g E · 16 g F · 19 g KH

Bratäpfel

1 Den Backofen auf 220 °C (Umluft 200 °C) vorheizen. Die Äpfel waschen und trocken tupfen. Die Rosinen im Rum einweichen. Das Kerngehäuse der Äpfel vorsichtig ausstechen. Die Äpfel auf ein gefettetes Backblech setzen. Rosinen, Haselnüsse, Zimt und Honig mischen und in die Äpfel füllen. Die Äpfel im Ofen etwa 30 Minuten backen. Mit Puderzucker bestreut servieren.

2 Gut zu wissen: Die Haselnuss enthält viele Vitamine und einen hohen Anteil gesunder Fette. Beim Kauf von Haselnüssen in der Schale gilt die Regel: Je größer die Nuss ist, desto besser schmeckt der Kern. Die Nuss sollte relativ schwer und die Schale unversehrt sein. Am besten schmecken Haselnüsse, wenn sie vor dem Backen geröstet werden, weil sie dann ihr volles Aroma entfalten.

ZUTATEN

Für 4 Portionen

4 Äpfel (Boskop)
2 El Rosinen
2 El Rum
3 El gehackte Haselnüsse
1 Prise Zimt
2 El Honig
20 g Butter
4 El Puderzucker
Fett für das Blech
Bratäpfel

Zubereitungszeit
ca. 15 Minuten (plus Backzeit)

Pro Portion
ca. 128 kcal/538 kJ
1 g E · 5 g F · 17 g KH

Rhabarberkompott

1 Den Rhabarber putzen, waschen und die Haut abziehen, anschließend in kleine Stücke schneiden. Rhabarber mit 150 ml Wasser, Zucker und Vanillezucker in einem Topf zum Kochen bringen.

2 Bei geringer Hitze etwa 8–10 Minuten köcheln lassen, bis der Rhabarber weich ist. Die Zitronen-Götterspeise mit 100 ml kaltem Wasser glatt verrühren.

3 Unter Rühren zu dem Rhabarber gießen und einmal aufkochen lassen. Topf vom Herd nehmen und Rhabarber kalt stellen.

ZUTATEN

Für 4 Portionen

1 kg Rhabarber
250–300 g Zucker
2–3 P. Vanillezucker
1 P. Zitronen-Götterspeise

Zubereitungszeit
ca. 15 Minuten (plus Garzeit)
Pro Portion
ca. 290 kcal/1218 kJ
2 g E · 0 g F · 67 g KH

Püfferkes

1 Das Mehl in eine Schüssel geben und das Backpulver daruntermischen. Die Eier, Vanillezucker, Zucker und Salz hinzufügen und alles mit so viel Milch verrühren, dass ein dickflüssiger Teig entsteht. Die Rosinen darunterheben.

2 Etwas Öl oder Butterschmalz in einer Pfanne erhitzen und den Teig mit einem Esslöffel portionsweise in die Pfanne geben. Teig bei mittlerer Hitze zu etwa handtellergroßen fingerdicken Püfferchen backen.

3 Die kleinen Puffer von beiden Seiten goldgelb backen, herausnehmen und warm halten. Die Püfferchen werden warm serviert. Zum Essen werden sie am besten mit etwas Butter bestrichen.

ZUTATEN

Für 4 Portionen

500 g Mehl
1 P. Backpulver
5 Eier
1 P. Vanillezucker
250 g Zucker
1/2 El Salz
ca. 200 ml Milch
125 g Rosinen
Öl oder Butterschmalz
zum Backen

Zubereitungszeit
ca. 10 Minuten (plus Backzeit)
Pro Portion
ca. 923 kcal/3877 kJ
24 g E · 12 g F · 175 g KH

Süßes und Saures

Nach dem Essen, zwischendurch oder abends: „Watt zu schnuckern" musste sein! Im Ruhrgebiet kommt man bei diesem Thema nicht umhin, eine(s) zu erwähnen, nämlich die Selterbude, den Nabel der (Ruhrgebiets-)Welt. Die Bezeichnung „Kiosk" soll dem französischen „Kiosque" oder dem türkischen „Kösk" entlehnt sein. Die Urmutter aller Selterbuden soll dermaleinst im 16. Jahrhundert aus dem Osmanischen Reich nach Europa gekommen sein, um die türkischen Soldaten im Feld vor Wien mit Lebensmitteln und Getränken zu versorgen, wie sie es von heimischen Pavillons her kannten. An den deutschen Selterbuden, daher ihr Name, wurde zunächst Selterswasser an Fabrikarbeiter oder Bergleute ausgeschenkt: Die Buden befanden sich denn auch in Fabrik-, später Bahnhofs- oder Einkaufsstraßennähe. Heute gibt es in Deutschland etwa 12.000 Kioske, aber „die Bude" im Ruhrgebiet nimmt dabei nach wie vor eine Sonderstellung ein. Meist winzig in ihren Abmessungen, verbarg sich hinter dem kleinen Schiebefenster zwischen Gehweg und Innenraum ein wahres Wunderland, wie die Auslagen schon vermuten ließen. Die Besitzer waren oft Charakterköpfe und Institutionen des Stadtteils. Wenn es Neuigkeiten gab, dann erfuhr man sie hier.

Die Kundschaft bestand einmal aus den Bergleuten oder Arbeitern auf dem Weg zur Schicht, die sich hier mit Zigaretten (gesprochen: „Zaretten"), Mettbrötchen oder Rollmops versorgten. Nach Feierabend wurde die Bude zum beliebten Treffpunkt, an dem die Weltpolitik erörtert wurde, Pilsken dazu, und: Hömma, hasse schon gehört?, Neuigkeiten aus der Nachbarschaft auch. Nach Ladenschluss war die Bude dann für Nachtschwärmer da,

und hatte Mutti die Milch vergessen, kein Problem, die gab es hier ebenfalls. Abends oder am Samstag wurden Kinder mit der Einkaufstasche bewaffnet „ma ehmt anne Bude" geschickt, Bier und Zigaretten zu holen. Das war nicht schlimm, denn eine Tafel mit den erhältlichen verlockenden Eissorten war ganz praktisch in Augenhöhe der kleinen Taschengeldempfänger angebracht und der Drahtkorb fürs Papier gleich daneben. Für die Größeren bot sich hier die Gelegenheit, mit klopfendem Herzen die ersten Zigaretten zu kaufen („Is für mein Vatta") oder wichtige Lektüre: Neben Zeitungen mit großen Buchstaben und Fußballsammelbildern war auch immer die neue Ausgabe der Jugendzeitschrift mit der praktischerweise bebilderten Aufklärungshilfe parat.

Was aber die Augen aller gleichermaßen leuchten ließ, waren die Glasbehälter mit den „Klümpkes", Süßigkeiten in allen denkbaren Farben und Formen, die aus der grauen Papiertüte natürlich einzigartig gut schmeckten. Pfennigweise wurde eingekauft, manchmal das ganze Taschengeld für den Genuss verprasst, und einzeln wurde mit der Zange ins Tütchen abgezählt: Süße Teufel, Brause in bunten Plastikstangen, Kaugummi, Zuckererdbeeren, Lakritzschnecken, Schleckmuscheln – was konnte es Schöneres geben? Im Sommer kam als süße Versuchung der Eiswagen hinzu, der klingelnd durch die Siedlungen fuhr. Da hieß es, schnell genug mit den von der Mutter erbettelten Groschen hinterher zu sein!

Umso wichtiger waren Klümpkes und Eis, als Süßspeisen in der Ruhrgebietsküche gegenüber handfesten, herzhaften Hauptgerichten eher eine untergeordnete Rolle spielten. An Desserts, die es aber nur am Sonntag gab, standen eingewecktes Obst, Pflaumenkompott, Milchreis mit Zimt und Zucker – oder Pflaumenkompott –, Vanillepudding oder Schokoladenpudding mit Eischneeflöckchen zur Auswahl, später zu besonderen Gelegenheiten auch „Eis und heiß", Vanilleeis mit heißer Kirschsauce.

Es gibt keine traditionelle Ruhrgebietsbäckerei. Am Sonntag, zu Familienfeiern oder zu Mutters Kaffeekränzchen wurden Obstböden mit dem Obst der Saison aus dem Garten wie etwa Stachelbeeren oder gedeckter Apfelkuchen, Marmorkuchen oder Frankfurter Kranz gereicht. Streuselkuchen, das Rezept stammte von der Omma aus Schlesien, wurde auf dem Blech gebacken, und allseits beliebt waren selbstgebackene Waffeln. Wohl hatten Nachbarregionen Einfluss wie zum Beispiel die Bergische Kaffeetafel mit der herzhaft-süßen Kombination aus Schwarzbrot, rohem Schinken, Waffeln, Apfelkraut, Milchreis und Kuchen. Am Sonntag ging es feingemacht zu den bekannten Ausflugsorten: Schloss Berge in Gelsenkirchen-Buer, Burg Blankenstein, Hohensyburg, Westfalenpark oder Baldeneysee hießen die Ziele mit Gelegenheit zum Kaffeetrinken und vielleicht sogar zu einer Bootsfahrt.

Schokoladenpudding

1 Für den Pudding die Speisestärke mit 6 El Milch, Zucker und Vanillezucker mit dem Schneebesen in einer Schüssel klümpchenfrei verrühren. Eigelb in einer weiteren Schüssel verquirlen. Die Schokolade grob zerkleinern, mit der restlichen Milch in einen Topf geben und einmal aufkochen lassen. Die Stärkemischung unterrühren und etwa 2–3 Minuten kochen lassen, bis die Masse dicklich wird. Anschließend den Topf vom Herd nehmen und die Eigelb unterrühren. Den Pudding in kalt ausgespülte Puddingförmchen gießen und im Kühlschrank erkalten lassen.

2 Für die Vanillesauce die Eigelb mit dem Handrührgerät cremig schlagen. 6 El Milch mit der Speisestärke glatt rühren. Die restliche Milch mit dem Zucker in einen Topf geben. Die Vanilleschote aufschlitzen, das Mark herauskratzen und in die Milch geben. Die leere Schote ebenfalls dazugeben. Alles zum Kochen bringen, die Vanilleschote entfernen und die Stärkemischung unterrühren. 2 Minuten unter Rühren kochen, bis die Sauce eindickt. Dann den Topf vom Herd nehmen. Die Eigelb einrühren und alles nochmals kurz aufkochen lassen. Die Vanillesauce schmeckt heiß und kalt.

ZUTATEN

Für 4 Portionen

Für den Pudding
40 g Speisestärke
500 ml Milch
4 El Zucker, 1/2 P. Vanillezucker
1 Eigelb
100 g Zartbitterschokolade

Für die Vanillesauce
2 Eigelb
1 l Milch
30 g Speisestärke
60 g Zucker
1 Vanilleschote

Zubereitungszeit
ca. 20 Minuten (plus Koch- und Kühlzeit)
Pro Portion
ca. 540 kcal/2220 kJ
17 g E · 27 g F · 58 g KH

Apfelpfannkuchen

1 Die Äpfel schälen und das Kerngehäuse mit einem Apfelausstecher entfernen. Die Äpfel in dünne Scheiben schneiden und mit den Rosinen, dem Zucker und etwas Zimt bestreuen und abgedeckt etwa 20 Minuten ziehen lassen.

2 Die Eier trennen. Die Eigelb mit der Milch verquirlen, das Mehl und wenig Salz dazugeben und alles zu einem glatten Pfannkuchenteig verrühren. Das Eiweiß steif schlagen und locker unter den Teig heben.

3 Etwas Butter in einer Pfanne erhitzen, etwa 1/4 der Apfelmischung vorsichtig in die Pfanne hineingeben, die Apfelscheiben sollen möglichst heil bleiben. Etwa 1/4 des Pfannkuchenteiges darüber verteilen. Alles bei mittlerer Hitze von beiden Seiten etwa 3 bis 4 Minuten zu einem goldbraunen Pfannkuchen braten.

4 Den Pfannkuchen herausnehmen, auf einen Teller gleiten lassen, mit etwas Zimtzucker bestreuen und warm stellen. Die übrige Teigmasse und die gezuckerten Äpfel nacheinander ebenso verarbeiten. Die Pfannkuchen jeweils nach dem Backen mit Zimtzucker bestreuen und warm servieren.

ZUTATEN

Für 20 Stück

4 Äpfel
1 El Rosinen
60 g Zucker
Zimt
4 Eier
400 ml Milch
300 g Mehl
Salz
Butter
Zimtzucker

Zubereitungszeit
ca. 20 Minuten (plus Backzeit)
Pro Portion
ca. 538 kcal/2258 kJ
19 g E · 12 g F · 88 g KH

Dicker Reis mit Pflaumen

1 Die Trockenpflaumen in 500 ml Wasser etwa 1 Stunde quellen lassen, anschließend mit der Zimtstange, 40 g Zucker und etwas Zitronenschale weich kochen, das dauert 15–20 Minuten.

2 Inzwischen den Reis waschen und mit einer Tasse Wasser und Salz in einen Topf geben und aufkochen. Die Milch und 80 g Zucker hinzugeben und den Reis darin bei geringer Hitze 40–50 Minuten quellen lassen.

3 Den Reis in eine Schüssel füllen und auskühlen lassen. Die weich gekochten Pflaumen nach Belieben mit etwas Stärke binden, abschmecken und zum Reis servieren. Oder den Reis mit Zimt und Zucker servieren.

ZUTATEN

Für 4 Portionen

250 g getrocknete Pflaumen ohne Stein
1 Zimtstange
120 g Zucker
abgeriebene Schale von 1/2 Zitrone
250 g Milchreis (Rundkornreis)
1 l Milch
1 Prise Salz
evtl. etwas Stärke
zum Binden

Zubereitungszeit
ca. 10 Minuten
(plus Zeit zum Quellen und Garen)
Pro Portion
ca. 530 kcal/2226 kJ
13 g E · 11 g F · 91 g KH

Grießpudding mit Rosinen

1 Die Rosinen in 250 ml Milch 5 Minuten kochen. Die restliche Milch zum Kochen bringen. Die Vanillestange aufschlitzen, das Mark herauskratzen und beides zur Milch geben.

2 Die Zitronenschale ebenfalls hinzufügen, Milch aufkochen und 20 Minuten ziehen lassen, anschließend Vanillestange herausnehmen. Den Grieß daruntertühren, mit Salz und Zucker würzen. Rosinenmilch dazugeben, einmal aufkochen und Grieß quellen lassen.

3 Das Ei trennen, das Eigelb verrühren und in den Grieß rühren. Das Eiweiß zu Schnee schlagen und darunterheben. Grießbrei in eine mit kaltem Wasser ausgespülte Form geben und erkalten lassen. Dazu schmecken Fruchtsaucen.

ZUTATEN

Für 4 Portionen

125 g Rosinen
1 l Milch
1 Vanillestange
abgeriebene Schale von 1 Zitrone
125 g Grieß
1 Prise Salz
80 g Zucker
1 Ei

Zubereitungszeit
ca. 45 Minuten

Pro Portion
ca. 460 kcal/1932 kJ
14 g E · 11 g F · 74 g KH

Kuchen & Co.

Streuselkuchen

ZUTATEN

Für ca. 20 Stücke

Für den Teig
250 ml Milch, 500 g Mehl
20 g Hefe, 75–100 g Zucker
50 g Butter
Salz

Für die Streusel
300 g Mehl, 150 g Zucker
1 P. Vanillezucker
1 Messerspitze Zimt
150 g Butter

Zubereitungszeit
ca. 40 Minuten
(plus Geh- und Backzeit)
Pro Stück
ca. 265 kcal/1110 kJ
5 g E · 9 g F · 41 g KH

1 Milch erwärmen. Mehl in eine große Rührschüssel sieben. In die Mitte des Mehls eine Mulde drücken. Hefe hineinbröckeln. 1 Tl Zucker darüberstreuen. Hefe mit etwas lauwarmer Milch zu einem dicken Brei verrühren. Etwas Mehl darüberstäuben. Vorteig ca. 10 Min. zugedeckt an einem warmen Ort gehen lassen, bis sich Risse bilden. Butter zerlassen, in die Milch rühren und die Flüssigkeit lauwarm abkühlen lassen. Restlichen Zucker und die lauwarme Flüssigkeit zu dem Teig geben und mit den Knethaken des Handrührgerätes unterrühren.

2 1 Prise Salz dazugeben und unterrühren. Teig herausnehmen und mit den Händen weiterkneten, bis er nicht mehr klebt. Ggf. noch etwas Mehl unterkneten. Teig in die Schüssel geben und mit einem Küchentuch bedeckt an einem warmen Ort ca. 60 Minuten gehen lassen, bis er sich verdoppelt hat. Teig noch einmal gut mit den Händen durchkneten. Backblech einfetten und den Teig darauf ausrollen. Backofen auf 200–220 °C vorheizen.

3 Inzwischen für die Streusel Mehl in eine Schüssel sieben. Zucker, Vanillezucker und Zimt daruntermischen. Weiche Butter in Flöckchen dazugeben und alles mit den Händen zu Streuseln von gewünschter Größe vermengen. Die Streusel gleichmäßig auf dem Teig verteilen. Den Teig noch einmal etwa 15 Minuten gehen lassen. Den Kuchen etwa 15–25 Minuten auf der mittleren Schiene backen.

Apfelkuchen mit Riemchen

1 Für den Mürbeteig Mehl auf die Arbeitsfläche sieben und in die Mitte eine Vertiefung hineindrücken. Eier in die Mulde geben. Butter in Stücke schneiden und zusammen mit Zucker und 1 Prise Salz auf dem Mehlrand verteilen. Zutaten mit einem Messer grob zerkleinern. Dann mit den Händen zu einem glatten Teig verkneten. Teig in Folie wickeln und im Kühlschrank ca. 30 Minuten ruhen lassen.

2 In der Zwischenzeit die Äpfel waschen, schälen und in Stücke schneiden. In einen Topf geben und mit 1 El Wasser auf kleiner Stufe unter regelmäßigem Rühren weich dünsten. Nach Belieben mit Zucker abschmecken. Etwas abkühlen lassen.

3 Backofen auf 200 °C vorheizen. Eine Springform (26 cm Durchmesser) einfetten. Etwa die Hälfte des Mürbeteiges dünn auf dem Boden verteilen. Den Boden mehrfach mit einer Gabel einstechen und auf der mittleren Schiene etwa 10 Minuten vorbacken. Den Kuchen herausnehmen und einen dünnen Teigrand hochziehen. Das Apfelmus auf dem Teigboden verteilen. Den restlichen Teig auf einer bemehlten Arbeitsfläche in der Größe der Springform dünn ausrollen und dünne Streifen daraus rädern. Die Streifen gitterförmig über den Kuchen legen. Eigelb und Milch verrühren und die Streifen damit bestreichen. Den Kuchen in etwa 15 Minuten fertig backen.

ZUTATEN

Für ca. 12 Stücke

Für den Teig
300 g Mehl
2 Eier (Größe S)
180 g Butter, 100 g Zucker, Salz

Für den Belag
1 kg Äpfel (z. B. Boskop)
Zucker nach Belieben

Außerdem
Fett für die Form
Mehl für die Arbeitsfläche
1/2 Eigelb, 1 Tl Milch

Zubereitungszeit
ca. 20 Minuten (plus Back- und Ruhezeit)
Pro Stück
ca. 290 kcal/1214 kJ,
4 g E · 14 g F · 36 g KH

Eierlikörkuchen

1 Eine Guglhupfform (22 cm Durchmesser) einfetten und mit Mehl ausstäuben. Den Backofen auf 180 °C vorheizen. Die Eier mit Zucker, Vanillezucker und Salz in einer Rührschüssel mit den Rührbesen des Handrührgeräts zu einer hellgelben, cremigen Masse aufschlagen.

2 In dünnem Fluss unter ständigem Weiterquirlen erst den Eierlikör, dann das Sonnenblumenöl unterrühren. Mehl mit Backpulver und Speisestärke mischen und auf den Teig sieben. Mit einem Kochlöffel zügig unterrühren.

3 Den Teig in die Form füllen, glatt streichen und den Kuchen auf der mittleren Schiene ca. 1 Stunde backen. Den Kuchen aus dem Ofen nehmen, 10 Minuten in der Form abkühlen lassen, dann auf ein Kuchengitter stürzen. Vollständig auskühlen lassen. Für den Guss Puderzucker und Eierlikör verrühren und auf dem Kuchen verstreichen.

ZUTATEN

Für ca. 15 Stücke

Für den Teig
5 Eier, 200 g Zucker, 2 P. Vanillezucker
1 Prise Salz
250 ml Eierlikör
250 ml Sonnenblumenöl
100 g Mehl (Type 405)
1 P. Backpulver, 150 g Speisestärke

Für den Eierlikörguss
150 g Puderzucker, 5 El Eierlikör

Außerdem
weiche Butter und Mehl für die Form

Zubereitungszeit
ca. 20 Minuten (plus Back-und Abkühlzeit)
Pro Stück
ca. 394 kcal/1647 kJ
5 g E · 21 g F · 45 g KH

Bienenstich

ZUTATEN

Für ca. 20 Stücke

Für den Teig
250 ml Milch, 500 g Mehl
20 g frische Hefe, 5 g Zucker
75 g Butter, Salz, Fett für das Blech

Für den Belag
100 g Butter, 150 g Zucker
1 P. Vanillezucker, 3 El Milch
200 g Mandelblättchen

Für die Füllung
2 Eigelb, 2 El Zucker, 90 g Speisestärke
1 l Milch, 80 g Puderzucker
1 P. Vanillezucker, 150 g Butter

Zubereitungszeit
ca. 40 Minuten (plus Geh- und Backzeit)
Pro Stück
ca. 355 kcal/1486 kJ
8 g E · 19 g F · 36 g KH

1 Milch erwärmen. Mehl in eine große Rührschüssel sieben. In die Mitte des Mehls eine Mulde drücken. Hefe hineinbröckeln. 1/2 Tl Zucker darüberstreuen. Die Hefe mit etwas lauwarmer Milch und etwas Mehl vom Rand zu einem dicken Brei verrühren. Etwas Mehl darüberstäuben. Vorteig etwa 10 Minuten zugedeckt an einem warmen Ort gehen lassen, bis sich Risse bilden.

2 Butter zerlassen, in die Milch rühren und die Flüssigkeit lauwarm abkühlen lassen. Nach und nach restlichen Zucker und die lauwarme Flüssigkeit zu dem Teig geben und mit den Knethaken des Handrührgerätes unterrühren. 1 Prise Salz dazugeben und unterrühren. Teig herausnehmen und mit den Händen weiterkneten, bis er nicht mehr klebt. Ggf. noch etwas Mehl unterkneten. Teig in die Schüssel geben und mit einem Küchentuch bedeckt an einem warmen Ort etwa 60 Minuten gehen lassen, bis er sich verdoppelt hat. Teig noch einmal gut mit den Händen durchkneten. Backblech einfetten und den Teig darauf ausrollen. Backofen auf 200 °C vorheizen.

3 Für den Belag die Butter zusammen mit Zucker, Vanillezucker und Milch in einem Topf zerlassen. Mandeln unterrühren und alles aufkochen lassen. Etwas abkühlen lassen und auf den Teig streichen. Den Teig nochmals etwa 10 Minuten an einem warmen Ort gehen lassen. Dann

15–20 Minuten auf der mittleren Schiene backen. Den Kuchen abkühlen lassen, vierteln und jedes Viertel waagerecht in der Mitte durchschneiden.

4 Inzwischen für die Füllung Eigelb mit 1 El Zucker und der Speisestärke vermischen. 250 ml Milch zugießen und unterrühren. Restliche Milch mit restlichem Zucker, Puderzucker und Vanillezucker aufkochen. Topf von der Herdplatte ziehen und die Eigelbmischung unter ständigem Rühren in die heiße Milch einrühren. Erneut unter Rühren aufkochen lassen. Vom Herd nehmen und unter mehrmaligem Rühren auf Zimmertemperatur abkühlen lassen (es sollte sich keine Haut bilden). Zimmerwarme, weiche Butter schaumig rühren. Erst einen Teil, dann den Rest unter die Creme rühren. Den Kuchen mit der Creme füllen.

Kartoffeltorte

1 Die Kartoffeln gründlich waschen und in der Schale etwa 20 Minuten kochen lassen, anschließend abgießen, leicht abgekühlt pellen und durch die Kartoffelpresse drücken.

2 Den Backofen auf 180 °C vorheizen. Inzwischen die Eier trennen. Das Eigelb mit dem Zucker cremig schlagen. Die Mandeln mit Zitronenschale und -saft, 1 Prise Salz und Alkohol hinzugeben und unterrühren. Grieß mit dem Backpulver vermischen, hinzugeben und ebenfalls unterrühren. Den Kartoffelbrei unter die Masse heben.

3 Das Eiweiß zu steifem Eischnee schlagen, zur Masse geben und unterziehen. Den Teig in eine gefettete Springform (26 cm Durchmesser) füllen. Im vorgeheizten Backofen auf der mittleren Schiene bei 180 °C etwa 35 Minuten backen. Kuchen aus der Form lösen und auskühlen lassen.

4 Für die Glasur den Puderzucker mit Zitronensaft dickflüssig verrühren. Den Kuchen damit bestreichen und antrocknen lassen.

ZUTATEN

Für ca. 12 Stücke

Für den Teig
400 g mehlig kochende Kartoffeln
5 Eier, 180 g Zucker
50 g geriebene Mandeln
abgeriebene Schale von
1 unbehandelten Zitrone
2 El Zitronensaft, Salz
1/2 El Weinbrand oder Rum
50 g Grieß, 1/2 Tl Backpulver

Außerdem
Fett für die Form
200 g Puderzucker, Saft von 1 Zitrone

Zubereitungszeit
ca. 35 Minuten (plus Back- und Abkühlzeit)
Pro Stück
ca. 240 kcal/1000 kJ
5 g E · 5 g F · 41 g KH

Schnelle Cremerolle

1 Den Backofen auf 220 °C vorheizen. Die Vanilleschote aufschneiden, das Mark herauskratzen. Die Eier trennen. Eiweiß mit 1 Prise Salz steif schlagen und kühl stellen. Eigelb mit 4 El lauwarmem Wasser, Zucker und Vanilleschotenmark hellgelb cremig schlagen.

2 Mehl mit Backpulver mischen, über die Eiercreme sieben und unterrühren. Dann in 2 Portionen den Eischnee darunterheben. Auf ein mit Backpapier ausgelegtes Backblech streichen und im Ofen ca. 10 Minuten goldgelb backen. Herausnehmen und sofort auf ein mit Zucker bestreutes Geschirrtuch stürzen. Noch warm mit Hilfe des Tuches aufrollen, dann erkalten lassen.

3 Die Sahne mit Sahnesteif und Vanillezucker steif schlagen, dann den Schmand unterrühren. Die Mandarinen in ein Sieb geben und abtropfen lassen. Den Biskuit entrollen, die Sahne-Schmand-Mischung daraufstreichen und die Mandarinen darauf verteilen. Zusammenrollen und bis zum Servieren kühl stellen. Vor dem Servieren mit Puderzucker bestäuben.

ZUTATEN

Für ca. 10 Stücke

Für den Biskuit
1 Vanilleschote
4 Eier, Salz, 160 g Zucker
160 g Mehl, 1 Tl Backpulver
Zucker zum Bestreuen
Puderzucker zum Bestäuben

Für den Belag
200 ml Sahne, 1 P. Sahnesteif
1 P. Vanillezucker, 200 g Schmand
1 Dose Mandarinen
(Abtropfgewicht 175 g)

Zubereitungszeit
ca. 30 Minuten (plus Back- und Abkühlzeit)
Pro Stück
ca. 457 kcal/1912 kJ
9 g E · 15 g F · 69 g KH

Stutenkerle

1 Die Milch handwarm erwärmen, die Hefe hineinkrümeln und mit der Milch und 1 Tl Zucker glatt verrühren, beiseitestellen. Inzwischen das Mehl in eine Schüssel geben, den restlichen Zucker, 1 1/2 Eigelb und das Salz hinzufügen. Die Butter zerlassen und ebenfalls zum Mehl in die Schüssel geben.

2 Die Hefemilch unter die Mehlmischung rühren und alles mit den Knethaken des Handrührgerätes zu einem glatten Hefeteig kneten. Den Hefeteig so lange kneten, bis er sich vom Schüsselrand löst, eventuell noch etwas Mehl dazugeben. Teig mit etwas Mehl bestäuben und zugedeckt an einem warmen Ort etwa 20 Minuten gehen lassen.

3 Anschließend den Teig kräftig durchkneten und auf einer mit Mehl bestäubten Arbeitsfläche etwa 1,5 cm dick ausrollen. Aus dem Hefeteig mit Hilfe einer einfachen Schablone 6 Stutenkerle ausschneiden und auf 2 gefettete Backbleche legen. Stutenkerle abgedeckt etwa 20 Minuten gehen lassen.

4 Den Backofen auf 225 °C vorheizen. Das halbe Eigelb mit etwas Wasser oder Milch verquirlen und die Stutenkerle damit bestreichen.

5 Mit Korinthen oder Rosinen den Stutenkerlen Augen, Nase und Mund geben. Stutenkerle anschließend im vorgeheizten Backofen bei 200 °C etwa 20 Minuten backen lassen. Stutenkerle werden traditionell zu Sankt Martin gegessen.

ZUTATEN

Für 4 Portionen

250 ml Milch
40 g Hefe, 75 g Zucker
500 g Mehl
2 Eigelbe, 1 Prise Salz, 100 g Butter
Korinthen oder Rosinen zum Verzieren

Zubereitungszeit
ca. 40 Minuten (plus Geh- und Backzeit)
Pro Stück
ca. 768 kcal/3224 kJ
18 g E · 28 g F · 111 g KH

ATLANTIS

ATLANTIS